拿破仑的法兰西军魂
圣西尔军事专科学校

王子安◎主编

汕头大学出版社

图书在版编目（CIP）数据

拿破仑的法兰西军魂——圣西尔军事专科学校 / 王子安主编. -- 汕头：汕头大学出版社，2012.4（2024.1重印）
ISBN 978-7-5658-0703-9

Ⅰ. ①拿… Ⅱ. ①王… Ⅲ. ①圣西尔军事专科学校－概况 Ⅳ. ①E565.3

中国版本图书馆CIP数据核字(2012)第066421号

拿破仑的法兰西军魂——圣西尔军事专科学校

主　　编：	王子安
责任编辑：	胡开祥
责任技编：	黄东生
封面设计：	君阅天下
出版发行：	汕头大学出版社
	广东省汕头市汕头大学内　邮编：515063
电　　话：	0754-82904613
印　　刷：	河北浩润印刷有限公司
开　　本：	710mm×1000mm　1/16
印　　张：	11
字　　数：	80千字
版　　次：	2012年4月第1版
印　　次：	2024年1月第2次印刷
定　　价：	50.00元

ISBN 978-7-5658-0703-9

版权所有，翻版必究
如发现印装质量问题，请与承印厂联系退换

目　录

历史沧桑

圣西尔的产生 ………………………………………… 3
圣西尔的现状 ………………………………………… 7
独特的风格与传统 …………………………………… 11
特种兵训练中心 ……………………………………… 23

政治首脑

"荒野雄狮"——拿破仑 ……………………………… 29
"法国最大的笨蛋"——麦克马洪 …………………… 46
法兰西第五共和国的创建 …………………………… 61
罗贝尔·盖伊总统 …………………………………… 73
突尼斯总统本·阿里 ………………………………… 77

元帅的摇篮

勒克莱尔将军 ………………………………………… 83
吉罗将军 ……………………………………………… 90

"一生献给祖国" ································· 95
魏刚将军 ····································· 102
"玩命的法国人"德斯佩雷 ······················ 108
贝当元帅 ····································· 113
加利埃尼元帅 ································· 119
康罗贝尔元帅 ································· 124
塔西尼元帅 ··································· 128
甘末林将军 ··································· 132
利奥泰元帅 ··································· 138
瑞恩元帅 ····································· 139

人文精英

"奥林匹克之父"——顾拜旦 ····················· 143
"战略"军事理论家博福尔 ······················ 152

华人风采

丛林之虎——廖耀湘 ··························· 157
"滇西王"龙绳武 ······························ 168

历史沧桑

圣西尔的产生

法国陆军的圣西尔军事专科学校已走过了200年的历程,是一所可与美国陆军西点军校相提并论的古老名牌军事院校。该校由拿破仑创建于1803年,早年建在巴黎郊外凡尔赛官附近的圣西尔,并因此而得名。

公元17世纪以前,法国军队中的军官是由国王推荐、任命的贵族担任,他们并没有受过专门的训练。到路易十四时期,才出现了几个训练从军贵族子弟的连队。1751年,国王路易十五在巴黎开办了一所皇家军事学校,目的是让年轻的贵族、绅士们接受严格、系统的训练,现在位于巴黎市中心埃菲尔铁塔附近的军校就是当年皇家军校所在地。由于皇家军校开支过大,1776年停办。次年,在军校内开设了训练巴黎和外省优秀青年的贵族子弟连。1784年,一个名叫波拿巴·拿破仑的年轻人被选入这个连队受训。

埃菲尔铁塔

走进科学的殿堂

1785年8月15日，拿破仑在这里获得少尉军衔委任状。两年之后，这所昂贵的贵族军校终于被关闭了。

波拿巴·拿破仑成为法国首席执政官以后，面对军队连年征战、优秀军官奇缺的局面，十分怀念自己早年的军校生涯，决心成立一所军官学校。拿破仑在1803年1月28日签署法令，决定在巴黎南郊50公里的枫丹白露成立"帝国军事专科学校"。1805年1月30日，拿破仑将一面绣有"为打胜仗而受训"校训的锦旗授予学校。1808年3月24日，军校迁至巴黎西南郊凡尔赛宫附近的圣西尔。从此，圣西尔与军校便结下了不解之缘。

历史沧桑

凡尔赛宫

建校之初，学校的生活非常艰苦。据说，学员吃饭时所有人只能以

将军的苗圃——圣西尔军事专科学校

班为单位，围站在一个大菜盆四周，分享那黑得像火药一样的硬面包，但是训练已经是相当正规和严格了。两年的学制，没有假期，时间全部用于上课和演习与操练。最初开设的课程有数学、绘画、工事设计和构筑、地理、历史、书法、军事管理、炮兵运用、火枪射击、体操、登山和游泳。

拿破仑在滑铁卢惨败之后，圣西尔帝国军事专科学校于1815年7月16日被取消，两年后又得以恢复，正式改名为"圣西尔军事专科学校"。

浪漫之都——巴黎

第二次世界大战期间，圣西尔军校遭德军轰炸，军校师生随法国溃败的军队迁到法国南方城市爱克斯·普罗旺斯。1942年，在纳粹德国

走进科学的殿堂

占领军的淫威下，这所久负盛名的圣西尔军校被迫解散。但与此同时，一所由夏尔·戴高乐将军创办的自由法兰西军官训练学校在伦敦成立，继续为自由法兰西军队培养指挥员。战后，几所战争中成立或保留下来的学校合并为诸军种军事专科学校迁回法国本土。由于圣西尔军校的校舍在盟军为解放巴黎而实施的轰炸中被夷为平地，新校址便选在距巴黎300多公里的西部城市雷恩市郊外。1961年，诸兵种军事专科学校一分为二，其中以军队士官和士兵为招生对象的部分成为"诸兵种军事学校"，以地方考生为对象的部分称"圣西尔军事专科学校"。圣西尔军校的名称和传统又一次得到恢复。

历史沧桑

将军的苗圃——圣西尔军事专科学校

圣西尔的现状

圣西尔军事专科学校建校200年以来，先后为法国陆军培养了6万多名优秀军官。正如拿破仑所说，这里是"将军的苗圃"，几乎陆军所有高级将领都出身于圣西尔军校。

多少年来，圣西尔军校吸引了一代又一代的法兰西热血男儿，成为法国军人心中的圣地。戴高乐说，每当提起圣西尔这个名字，就使我兴奋不已，它如同一颗享誉世界的璀璨的星辰，吸引着有志的法兰西青年。

圣西尔军事专科学校与诸兵种军校和行政技术军校共同组成法国陆军初级军校群，设在伊尔·维兰省省会雷恩市郊外的科埃基当。三所军校因学员来源和培训方向不同而互有区别，但大部分军事训练和共同课目的教学基本一致。

科埃基当营地位于雷恩市西南约45公里处，横跨3个镇，这里过去曾是法军预备役部队动员后集训的训练场。军校群绿茵环抱，环境幽雅，占地面积达500公顷

戴高乐

走进科学的殿堂

（1公顷＝10000平方米），各种生活、娱乐设施齐全，学员、教员和家属在这里形成了一座5000多人的军校城。进入校门，迎面而立的是军校群机关办公大楼，军校博物馆和军官俱乐部分立两侧。办公楼身后是举行阅兵式的操场，再往后有两个标准的综合体育场。军校博物馆里面陈列着身穿历代军服的蜡像人物、军校校旗和有关历史和人物资料，向前来参观的人介绍、展示办学成就。博物馆身后是学员之家，是学员们课余时间休息、娱乐、会客的地方，再向后是并排而立的10座学员宿舍楼和食堂。军官生一般两个人住一套房间，卧室内每人有一张床、一张写字台、一个书柜和一个放衣物的壁柜，套间内还有一个设备不错的卫生间。共同课教学大楼、军事课教学楼、游泳馆、体操房建在营区的

史治桑

圣西尔军校

另一侧。那边还有汽车队、勤务分队、技术部门和一个小教堂。学校群内办公、教学、宿舍和家属区共有建筑物约900座，总建筑面积达

18.24万平方米，绿地面积也达120公顷。校内还有医疗中心、洗衣房、图书馆、电影院等设施。

圣西尔军校属于法国国家重点高等院校，是专门为法国陆军各兵种培养初级指挥员的学校。目前，圣西尔军校共有教职员工900人，学员2000人，另有士兵800人。圣西尔军校校长为少将军衔。学员按年级编成3个学员营，营以下又分为若干队。

圣西尔招收17～22岁的法国男女青年。他们在通过国家高中统一会考以后，必须再经过两年大学预科或圣西尔专科预备学校的学习，经考试合格后，才能被圣西尔录取。圣西尔属于法国国家重点高等院校，入学起点较高。因此，学生入校后，根据个人志愿，直接到文、理、工、经济各科学习。学员从圣西尔毕业时可获得专业学士学位。

圣西尔军事专科学校专为陆军各兵种培养合格的初级指挥军官，因此要求圣西尔的学员在德、智、体各方面得到全面发展。学校要求学员具有为人师表的自豪感和为国家效劳的自觉意识，其广博的知识和健壮的体魄可以适应各种环境，有效地管理和指挥部队。同时，学员们还应有扎实的基础知识和工作能力，为今后担负国家赋予的较高级责任做好准备。总之，圣西尔军校要求培养出来的毕业生不仅具备优良的军人素质，还要掌握高等教育的渊博知识，成为有理想、有个性、有文化、开放、有服务意识、懂教育、善管理、有爱心、出类拔萃的国家栋梁。

学员毕业时，学校不仅要看学员各科结业成绩，并要求学员在各方面专家面前进行口试和答辩。学校张榜公布毕业考试成绩和陆军各兵种的需要名额，由毕业学员根据自己的成绩自选一个兵种或专业。学习成绩最好的学员优先挑选，依次进行。毕业生获得学士学位，并被授予中尉军衔。毕业生还要到相应的兵种专业实习学校再学习1年，然后被分

走进科学的殿堂

配到部队。

根据法国传统,每年 7 月 14 日法国国庆日,都要在巴黎凯旋门—香榭丽舍大道举行盛大的阅兵式和分列式。走在受阅部队最前面的永远是圣西尔军校的方队,而且只有当年的毕业班学员才能获此殊荣。

巴黎凯旋门

将军的苗圃——圣西尔军事专科学校

独特的风格与传统

"为打胜仗而受训"

圣西尔军校创办至今已有两个世纪的历史。它经历了由王朝到帝国又到共和国的风风雨雨，并形成了许多自己特有的风格与传统。

圣西尔军校

拿破仑为圣西尔军校题写的"为打胜仗而受训"的训词，时刻提醒学员们不要忘记自己肩负的使命与责任。

走进科学的殿堂

拿破仑亲授的校旗

军旗是军队的灵魂，校旗则是学校的灵魂，圣西尔军校的第一面校旗是拿破仑亲授的。圣西尔军校校旗以法兰西蓝、白、红三色国旗为底，一面绣有"荣誉与祖国"，另一面绣着校训训词"为打胜仗而受训"。

殊荣的校歌

圣西尔学校的校歌是一首含泪谱写的怀念往日殊荣的校歌。圣西尔军校的校歌音译为"加莱特"，法文原意是一种饼式点心，引申义为一

历史沧桑

圣西尔军校

将军的苗圃——圣西尔军事专科学校

种盘形线圈，后来专指圣西尔军校学员大礼服上的肩章。相传19世纪初，只有最优秀的圣西尔军校学员才有资格在军礼服上配带这种猩红色带流苏穗的肩章，用以表彰他们的出色表现与勇敢。1843年，路易·菲利普国王为博取人才，决定所有学员都必须配带这种"加莱特"。不料，此举严重刺伤了优等生们的自尊心。于是，他们含泪谱写一首怀念往日殊荣的歌，并在当年毕业庆典上唱了出来："高贵的加莱特，你的名字永垂青史……"从此，这首歌便成了圣西尔军校的校歌。

与众不同的校服

圣西尔军校的校服最早定型于1852年，它与其他军校的校服不同，头上是一顶配有红白羽饰的圆筒帽。校服上身为深蓝色立领制服，肩章为猩红色毛线纺织物，带流苏穗，配一条皮腰带；下身是红色带天蓝色条饰的裤子。帽子上的羽毛饰物颇有一番来历，据说1855年8月24日，英国维多利亚女王来访，拿破仑三世为了表示敬意，他让参加受阅的圣西尔军校仪仗队在圆筒军帽上插上代表英国王室的红白两色羽毛。法国

维多利亚女王

历史沧桑

13

走进科学的殿堂

人把这种羽饰又称作"鹤鸵羽饰",因为相传在英国女王抵达巴黎之前不久,人们在巴黎动物园发现这种长着红白羽毛叫鹤鸵的鸟。圣西尔军校的学员只有在重大节日或学校庆典时才穿校服,平时穿陆军军官服。

别具一格的校庆

圣西尔军校每年都要举行庆祝活动,校庆活动有三种,其中最主要、最著名的校庆活动是命名、传帽与授佩刀仪式。

(一)命名、传帽与授佩刀

从1803年开始,圣西尔军校一直以法国历史上的某个著名人物或法军的某次重大战役的名字授予一届学员,以纪念先辈,缅怀他们的英雄业绩,名字一般由当届学员讨论选定。传帽,则表示传统的继续,由老学员传给新学员。授佩刀则是从古代授予骑士佩剑的传统演变而来的。

历史沧桑

命名、传帽与授刀仪式一般在学员结束第一年军训,升第二学年,正式成为圣西尔军校生时举行。第二学年开学后的一个明月当空的夜晚,全体学员集合在操场。首先,由校长宣布为本届学员选定的命名,讲解其意义。然后,校长发出口号:"男子汉们,蹲下!"新学员们听到口令后,右腿单膝跪地,左手轻抚刀鞘,右手自然下垂,先由老学员传授带"鹤鸵羽饰"的圆筒帽。最后举行授佩刀仪式,由新学员自选的"教父"面对新学员站好,将佩刀轻压其左肩之上,新学员接过佩刀。这时,校长发出"军官们,起立!"的口号,学员们起立,行持刀礼。

将军的苗圃——圣西尔军事专科学校

圣西尔军校

校庆活动结束。

(二) 凯旋式

每年7月，学员毕业时都要在学校广场举行隆重的庆祝活动——"凯旋式"校庆活动。

这一天，学校还要邀请学员的家长、亲友前来观看。过去，为庆祝学员毕业，圣西尔每年要进行一次射击表演，以一只大酒桶为靶，大家把命中酒桶的射手举起来，表示庆祝。1834年7月27日，在毕业生打靶时，奥尔良大公和学员们一起操练，结果一炮便将木桶炸开了花。兴奋的大公喊道："来吧，上校们！庆祝凯旋！"于是，所有的人一齐欢呼起来。如今，圣西尔每年仍举行"凯旋式"。当了过毕业证书，校长宣布学员毕业以后，毕业班的学员们欢笑着拥抱在一起，有的学员将帽子高高地抛向天空。

走进科学的殿堂

（三）重现奥斯特里茨战役

拿破仑

1905年12月2日，为纪念拿破仑在奥斯特里茨战役中大获全胜，圣西尔的学生们穿上先辈的服装，拿起老式火枪，按当年的布阵，列队演练，再现往日的战斗情景，敌人自然由一年级新生扮演。从此形成传统，每年的12月2日，都要举行这种纪念活动。圣西尔的学员还以奥斯特里茨法文中的10个字母分别代表从10月到7月的每个月（因8、9月为假期），12月的代表字母为S，因此，这个纪念活动又叫"2·S"活动。

每年的"2·S"活动期间，学员们都要绞尽脑汁，想些稀奇古怪的点子来显示他们的聪明才智和幽默。在学校博物馆有一幅照片记录前几年一次"2·S"活动的场景：一排身穿古代军服，端着火枪的拿破仑军队的士兵，在草丛中向敌人发起进攻，队伍后边一名督战的军官，右手提着指挥刀，左手却拿着法军最先进的"里达"野战通信网的步话机，表情严肃地向拿破仑报告战况。

招收学员对象

　　根据法国的高教制度，高等教育分为三个阶段：第一阶段为高中会考后，经过2年预科或普通高校学习大学共同基础课程，达到普通高等教育水平并获相应证明；第二阶段，经过考试进入大学学习3年专业课

圣西尔军校典礼

程，毕业时获学士学位；第三阶段经专业考试进入国家重点高等专科院校深造，做专业研究，逐级争取硕士和博士学位。因此，圣西尔的考生已达到国家普通高等教育水平。

　　学生入校后，根据个人志愿，分成文、理工、经济各科，分别施教。学员从圣西尔毕业时获专业学士学位，并具有升入国家重点高校第三阶段学习的资格。

　　圣西尔军校每年录取新生160—170名左右，是报考人数的六分之

 走进科学的殿堂

一。考生平均年龄为 21 岁,其中 1/3 不到 20 岁。来自圣西尔专科预备学校和地方大学预科的考生各占一半,有 1/3 的考生来自军人家庭。

考生的入学考试十分严格,分笔试、口试和体育测试三部分。近几年,每年投考圣西尔军校的学生近千人,录取率不足 20%,竞争相当激烈。圣西尔军校除招收法国本国学生外,还招收一定数量的外国军事留学生。过去,该校的外籍学员主要来自非洲国家,近几年随着国际形势的发展变化,还招收俄罗斯等独联体国家和中东国家的军事留学生。20 世纪 20、30 年代,在军阀统治时期,我国也有留法学生在圣西尔军校学习。

历史沧桑

领导体制

圣西尔军校群合并设立领导机构,校长为少将军衔。学校领导机构下设有参谋部、军训部、教研部和学员部,其按文科、理工科和经济科各类分编成 3 个学员队。军训部设有战术研究、体育训练等专业教研室,负责党员的专业军事训练;教研部主管文化学习和教学保障,设有人文科学、自然科学、经济学、语言学等专业教研室以及教学保障机构。

学制及教学

1983 年,法军对圣西尔军校进行教学改革,学制由过去的 2 年改为 3 年,目的是加强军事训练。

第一年,以军事训练为主。共分成三个段:第一段为 1 个月的单兵

将军的苗圃——圣西尔军事专科学校

基础训练；第二段 4 个月，与其他军校地方新生一道，在科埃基当学习分队训练和战术；第三段 5 个月，到部队担任实习排长，学会指挥、训练新兵。第一年结束时，极个别不能适应的学员将被淘汰，按普通义务兵待遇退出现役，但发给国家普通高等教育第一阶段合格证明。其他合格者被授予准尉军衔。

圣西尔军校特种兵训练

第二年，课程包括文化教学和军事训练两部分。文化课占 30 周，分科分班学习大学各专业课程，同时要求每人必修 1 门外语。军事训练 10 周，前 4 周到国家突击队训练中心集训，然后学习陆军各兵种的连、排训练、战术和指挥，并学会跳伞。第二年的合格者被授予少尉军衔。

第三年，主要是完善和深化各科知识，重点培养学员的主动性、责任感和作为军事指挥官的领导意识与能力。文化课仍按专业分别组织，共 30 周。同时，邀请军校内外的专家、学者到学校就当前共同关心的

走进科学的殿堂

重大问题举办讲座,组织学员到国家企业或部队机关见习。军事训练共6周,重点是培养学员动手和动脑能力,组织他们到陆军各兵种部队中实习锻炼,学习诸军、兵种协同作战理论,准备参加国庆节阅兵式。

每年7月14日的法国国庆日,都要在巴黎凯旋门—香榭丽舍大道举行盛大阅兵式和分列式。届时,共和国总统在共和国卫队骑兵护卫下,检阅三军部队之后,登上观礼台观看分列式。走在受阅部队最前面的永远是圣西尔军校的方队,只有当年的毕业班学员才能获此殊荣。

历史沧桑

香榭丽舍大街

毕业与任命

经过3年的严格训练后,学员就可以参加学校举办的毕业生考试和答辩。毕业时,学校不仅要看党员的各科结业考试成绩,还要组织专家对学员进行口试和答辩。

将军的苗圃——圣西尔军事专科学校

考试和答辩结束以后，学校就会张榜公布毕业考试成绩，以及陆军各兵种的需要名额，由毕业学员根据自己的成绩自选一个兵科或专业。学习成绩最好的学员优先挑选，依次进行。合格的毕业生获得学士学位，并被授予中尉军衔。

毕业生在得到任命以前，还要到相应的兵种专业实习学校再学习1年，然后分配到部队任职。

没有任何借口

圣西尔军校

不要为拖延找借口，习惯性的拖延者通常也是制造借口与托辞的专家。

在法国圣西尔军校里有一个广为传诵的悠久传统，就是遇到军官

历史沧桑

走进科学的殿堂

问话，只能有三种回答"报告长官，是"，"报告长官，不是"，"报告长官，没有任何借口"。除此以外，不能多说一个字。是就是是，不是就是不是，没有任何含糊其词和考虑的时间，这是保证行动迅速的前提。

历史沧桑

将军的苗圃——圣西尔军事专科学校

特种兵训练中心

特种兵是经过高强度特殊训练的精英部队，擅长在非常规条件下和异常艰苦的环境中作战。目前，许多国家根据各自的地形地貌特点和历史文化传统，纷纷打造各具特色的特种兵野战学校。

特种兵野战

历史沧桑

走进科学的殿堂

法国圣西尔军校特种兵训练中心就是依据寒冷的气候条件而设立的。该中心位于阿尔卑斯山区,冬季十分寒冷,且昼夜温差大,太阳落山后,气温能迅速下降10多度。把野战学校建在这里,就是为了提高特种兵在高寒条件下的生存和作战能力。

除了寒冷训练外,训练中心还要对学员进行饥饿训练,只给极少极少的食品和饮水,投身荒野,四处无援,既靠忍饥挨饿耐力,又凭向自

阿尔卑斯山脉风光

将军的苗圃——圣西尔军事专科学校

喀麦隆风情

然索取本领，才能维持生存，保持战斗力。

由于法国与非洲一些国家签署了军事合作条约，所以非洲国家每年都派特种兵到那里培训。2005年1月，圣西尔学校特种兵训练中心组织数十名来自西非国家的军官，在阿尔卑斯法山区进行特种训练。这些来自热带地区的非洲军官12日在山区过夜时，结果在夜里突降暴雪，山区气温骤降，特种兵中的两人被活活冻死，这两名被冻死的年轻军官分别来自多哥和尼日尔。其中，遇

非洲布基纳法索

历史沧桑

25

走进科学的殿堂

难的多哥军官是多哥现任军队总参谋长扎加里的儿子。此外还有十多名特种兵被冻伤,被冻伤的十多名军官分别来自尼日尔、布基纳法索、喀麦隆等西非国家。法国总统希拉克要求调查此事,但圣西尔军校坚决表示,在训练科目的安排上不存在任何问题。

历史沧桑

政治首脑

政治大學

将军的苗圃——圣西尔军事专科学校

"荒野雄狮"——拿破仑

拿破仑·波拿巴（1769年8月15日—1821年5月5日），法兰西第一帝国及百日王朝的皇帝、卓越的军事家、野心勃勃的政治家。

拿破仑先后多次打垮了欧洲各个封建君主国组织的"反法同盟"，保卫了由法国资产阶级进行的法国大革命胜利果实，并在欧、非、北美各战场上，进行了对欧洲各封建国家的战争，削弱了欧洲大陆的封建势力。他颁布了《拿破仑法典》，确立了资本主义社会的立法规范，这部法典至今还发挥着重要作用。

拿破仑

拿破仑的父亲夏尔·波拿巴是阿雅克修城的一个贵族，具有狂热的性格，在法国入侵时他毅然放下书本，带着妻子莱蒂齐亚·拉莫利诺参加了科西嘉保卫战。但是科西嘉被法国征服，夏尔只好带着妻子回到阿雅克修城，顺从了法国人的统治，加

政治首脑

走进科学的殿堂

入了法国籍。

1769年8月15日，夏尔的第二个孩子拿破仑在法国科西嘉岛阿雅克修城出生，为了纪念在1767年牺牲的叔叔，夏尔给这个头颅硕大的男婴起了一个与叔叔同样的名字——拿破仑，意为"荒野雄狮"。

在八个兄弟姐妹当中，老二拿破仑总是显得与众不同。他从小性格孤僻、沉默寡言，不甚合群。当他的兄弟姐妹在花园或草地上兴高采烈地做游戏并发出一阵阵愉快的呼喊声时，拿破仑经常一个人悄悄溜走，来到一个孤零零的岩石洞里，这是他喜爱的隐居地。他斜靠在洞口的岩

政治首脑

地中海风光

石上，手拿着书，几个小时地凝视着地中海的辽阔海洋和蓝色天空。就这样他度过了一个又一个阳光明媚的上午或下午，谁也不知道他的小脑袋里究竟在想些什么。拿破仑也有同小伙伴在一起的时候，但多半是与

他们争吵和打架。他生性好斗，脾气暴躁。兄弟妹妹们都不喜欢拿破仑，可又都承认他的权威。他充沛的精力和果断的性格使他那性情温和、平易近人的哥哥约瑟夫甘受他的支配。在拿破仑身上，狂怒来得快，消失得也快。

1779年，夏尔·波拿巴利用他的亲法立场和同科西嘉总督的密切关系，把两个年长的儿子约瑟夫和拿破仑送往法国奥顿中学学习法语。同年春天，10岁的拿破仑又被转到法国东部布里埃纳城一所公费的军事学校学习。

布里埃纳军校纪律异常严厉，但老学员总是虐待新学员。来自科西嘉、穿着破旧的拿破仑，顿时成为法国贵族子弟们的嘲弄对象。他们嘲笑他的科西嘉口音和他那被海风吹得黝黑的皮肤，嘲笑他那贫穷的贵族出身。小小的拿破仑怒不可遏，同那些被他称作"高贵的小丑"们打了几架，那些贵族子弟这才发现这个小个子的拿破仑也不是好惹的。

在布里埃纳军校，拿破仑一共学习了5年。这种既无一天休息又与世隔绝的军校生活，进一步培育了拿破仑原有的阴沉、忧郁和孤僻的性格。特别是家乡被法国人强占，使他油然产生了一种强烈的背井离乡、寄人篱下的感觉，他与人说话几乎总是没好气的样子。他既不让人接近，又不讨人喜欢，他孤独一人，没有一个知己，没有任何朋友，他唯一的慰借是工作和学习。他经常避开同学们兴高采烈的游戏活动，躲进图书馆，如饥似渴地阅读和研究科西嘉的历史、地理，他对弗里德里希大王、伏尔泰、卢梭关于科西嘉的书尤感兴趣。他暗暗下定决心，有朝一日他要与保利携手合作，解放科西嘉，尽全力整治这些法国人。

在军校，学生轮流应邀去同校长伯东神甫共同进膳。一天，轮到拿破仑享受这种恩典，同桌有些教授知道他崇拜保利，故意在言谈中露出

走进科学的殿堂

对保利失敬之处。"保利"，拿破仑答道："是个伟人，他爱国。我永远不能原谅我父亲，当过他的副官，竟会同意科西嘉并入法国，他应该与保利共命运，随同他倒下。"

1784年，拿破仑以优异的成绩毕业于布里埃纳军校，他和4位同学作为士官生被推荐进了巴黎军官学校。该校直属法国王室，拥有第一流的教员，拿破仑在这里如饥似渴地吸收各种知识，也就是在这里，拿破仑对炮兵学发生了浓厚的兴趣。

拿破仑眼光敏锐，有意见总是侃侃而谈，公开发表。到巴黎军校后，他发现整个学校是那样的富丽堂皇，学生们过着极其奢华的生活，当即向校长呈交陈诉书。他指出这种教育制度是有害的，不可能达到每个贤明政府所期待的目标。他埋怨这种过于奢华和娇生惯养生活方式，对于"清寒士绅"而言，不利于他们日后回到质朴的家庭或适应军营的艰苦生活。他们仆从成群，前呼后拥，正餐两道菜，还有马匹和马夫，这一切都应该取消。他建议强制他们做些个人生活琐事，如洗衣服等，让他们吃为士兵配制的粗面包。他还说戒酒和有节制饮酒会使他们体格健壮，经得住四季寒暑，不怕战争疲劳。这是拿破仑年方16时讲的道理，时间证明他自己从未背离过上述原则。

伏尔泰

政治首脑

将军的苗圃——圣西尔军事专科学校

1785年9月，拿破仑顺利地通过了毕业考试，并被授予少尉军衔。按照拿破仑的要求，他被派往南方瓦朗斯城的一个炮兵团服务，因为这里离科西嘉较近，便于他照料家庭。由于拿破仑父亲患胃癌去世，本来就不宽裕的家境变得更加困难。哥哥约瑟夫既无能又懒惰，家庭的重担就落在了拿破仑身上。

恺撒

政治首脑

拿破仑节衣缩食，把大部分薪金都寄给了母亲，自己只留下很少一部分，勉强维持生活。当他的同伴把很多的时间浪费在喝咖啡、游玩和

走进科学的殿堂

谈情说爱上时,而他却丝毫不允许自己寻欢作乐,他怀着强烈的求知欲,废寝忘食地博览群书。

1788年6月,拿破仑回到法国,很快就随自己的团队开赴奥松城。在这里,他仍像以前那样躲避社交,不和女人接触,不寻欢作乐,不知疲倦地工作,公暇之余更是手不释卷。他大量地阅读了有关古代波斯人、西塞亚人、色雷斯人、雅典人、斯巴达人、埃及人和迦太基人的历史、地理、宗教、社会风俗等方面的书籍,研读了亚历山大、汉尼拔和恺撒等历史上伟大统帅的传记以及炮兵技术、战术方面的书籍,并作了许多笔记。经过大量阅读、观察、分析和判断,拿破仑的视野逐渐跳出科西嘉的圈子而转向更广阔的世界,他开始认识到封建专制制度才是一切苦难的罪魁祸首,争取平等与自由的观念,在他的思想中深深地扎下了根。他很快成了法国革命思想的狂热信徒,他相信革命后的法国一定会让科西嘉人民与他们共享平等和自由。他开始把故乡科西嘉的命运同法国革命联系在一起,逐渐抛弃了那种要把科西嘉从法国独立出来的一贯想法。

政治首脑

1789年7月14日,法国终于爆发了革命,拿破仑心中暗暗高兴,他要利用法国革命来改变科西嘉的命运。

1789年8月,拿破仑申请回故乡科西嘉休假。在这里,他与岛上的爱国志士为争取科西嘉的自由和解放而积极活动着。1789年11月30日,法国制宪会议根据科西嘉爱国者提出的陈情书宣布:科西嘉是法兰西帝国不可分割的一部分,科西嘉人民享有与法国所有居民同等权利。拿破仑支持法国制宪议会的决议,拥护法国的民主政体,并认为法国革命为科西嘉的发展创造了条件。

1791年2月,拿破仑重返团队,并且带着自己的弟弟路易,以期稍稍减轻母亲的负担。同年夏天，他被调到瓦朗斯的另外一个团任中尉。这时，法国革命在各地不断取得胜利，拿破仑对革命的热情更加高涨。

科西嘉岛

1791年9月，拿破仑以国民自卫军阿雅克修营副营长的身份又回到了科西嘉。这次，他与保利彻底决裂了，因为保利已公开要使科西嘉脱离法国。岛上的两派发生了武装冲突，拿破仑命人开枪射击了支持保利的分离主义者。

1792年5月28日，拿破仑回到巴黎，向陆军部汇报了自己在科西嘉的活动。这时，奥地利皇帝和普鲁士国王因仇视法国革命，已向法国革命政府宣战。法国贵族和将军们纷纷倒戈通敌，前线军事指挥人员极其缺乏，可拿破仑却没有得到任命。这位年轻人为生活所迫，不得不穿着破旧的衣服在街头来回奔走，设想能经营些赚钱的投机买卖，但结果一事无成。由于贵族军官的逃亡，军队中缺额较多，7月16日，拿破

走进科学的殿堂

仑被擢升为上尉。

对奥战争的节节败北,引起了巴黎人民的普遍不满。最终,君主制被推翻,代表大工商业资产阶级的吉伦特派掌握了政权,实行了共和制。

1792年10月,拿破仑第三次回到科西嘉,担任科西嘉国民自卫军一个营的营长。这时,法国革命军已击退欧洲反动君主对法国革命的武装干涉,开始转入反攻。在南方,法军计划以科西嘉为基地,占领撒丁王国的马达莱纳群岛,作为打入撒丁的跳板。拿破仑奉命参加了这次战斗。1793年2月18日,拿破仑的一支小部队占领了马达莱纳群岛附近的圣斯特法诺岛,打乱了撒丁的防御部署。正准备扩大战果时,拿破仑突然接到指挥官停止进攻和返回的命令,愤怒的拿破仑把大炮扔进大海,返回了科西嘉。这是拿破仑的第一次作战。

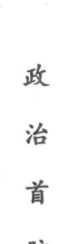

政治首脑

科西嘉岛

将军的苗圃——圣西尔军事专科学校

拿破仑回到了阿雅克修,这里的情况非常混乱。保利最后决定使科西嘉脱离法国,向英国投靠。拿破仑和他的同乡、国民公会特派员萨利切蒂多次策划夺取阿雅克修并拘留保利,均未成功,因为当地多数居民支持保利。不久,保利派袭击了拿破仑支持者的住所,洗劫了波拿巴一家,拿破仑历尽千难万险,带着全家从科西嘉逃出。科西嘉很快从法国分离出去而归英国保护,拿破仑这才真正选定了法国作为祖国。

1793年,法国局势正发生着巨大的变化,吉伦特派的统治垮台,代表中、小资产阶级的雅各宾派建立了革命专政。7月,盘踞在土伦和南方其他几个城市的王党分子为了推翻雅各宾派专政,恢复波旁王朝,居然引狼入室,允许反法联军英国和西班牙舰队驶入土伦港,并把拥有30余艘舰只的法国地中海舰队,拱手交给了英国人和西班牙人,这一情况犹如晴天霹雳震惊了整个法国。为了捍卫新生的革命政权,打退国内外反革命势力的猖狂进攻,革命政府颁发了全国总动员法令,动员人民起来扫除叛乱、抵御侵略。

由于指挥官卡尔托过去是个画家,不谙军旅之事,战事屡屡不顺,炮兵指挥多马尔坦也在围攻战中受伤致残,收复土伦的前景十分黯淡。这时,拿破仑出现了。他被推荐接替多马尔坦的职务,担任土伦平叛部队的炮兵指挥官,这一任命很快就得到了巴黎军事当局的批准。从

拿破仑

政治首脑

37

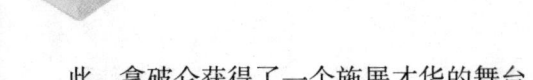

此,拿破仑获得了一个施展才华的舞台。

拿破仑一到这里就立即投入紧张的工作。他很快发现这里的炮兵形同虚设,于是他派专人到里昂和格勒诺布尔等地收集一切有用的军械器材,并在奥利乌尔建立了一个有 80 名工人的军械工厂,并征用了从尼斯到瓦朗斯和蒙彼利埃一带的马匹,安排生产了几万个供修筑炮垒用的柳条筐。最后,他提出了攻陷土伦的作战计划。然而,由于年轻和不知名,他的方案迟迟得不到批准。此后,法军又进行过几次围攻,均未获成功。法国国民公会鉴于卡尔托的无能,派出老将杜戈米埃接替了他。杜戈米埃是一个已有 40 年军龄的老军人,他顽强、勇敢,为人正直,具有正确的军事眼光,他为拿破仑如此大胆而新颖的作战方案惊叹不已,并很快批准了这一方案,最终取得胜利。

根据杜戈米埃将军的提议,拿破仑于 1793 年 12 月 22 日被破格提升为炮兵准将。1794 年 2 月 6 日,国民公会任命拿破仑为法国意大利军团的炮兵指挥。

1794 年 7 月 27 日,热月党人突然发动政变,拿破仑也因此被捕,在被监禁了 14 天以后获得释放,虽未被送上断头台,但他顺利的前程却因此中断了。

1795 年 5 月 2 日,拿破仑来到巴黎,希望获得新的任命。救国委员会命他去旺代镇压叛乱,但不是作为炮兵指挥,而是担任步兵指挥,拿破仑愤怒地拒绝了。救国委员会鉴于他拒不接受任命,便下令从现役将官名册上勾销了他的名字。

1795 年 9 月下旬,法国中部地区开始出现了动乱。巴黎的大部分地区失去控制,陷于叛乱队伍的包围之中。叛乱方面的武装队伍在人数上远远超过国民公会的武装力量。拿破仑在危难之际受命,他以异乎寻

政治首脑

将军的苗圃——圣西尔军事专科学校

常的精力迅速地重新部署了国民公会的防卫,并把叛乱平息,救了热月党的国民公会。

拿破仑

在经历过这决定性的一天后,拿破仑的命运发生了急剧性的变化。拿破仑被任命为巴黎卫戍司令,他成了势力强大的共和国督政官巴拉斯的密友及作战部队独立指挥官的候选人。他的社会地位在迅速上升,锦绣前程在他面前展开。他搬进了旺多姆广场旁的高级旅馆,他的个人生活也变得绚丽多彩。

1796年3月,拿破仑被任命为法国意大利军司令官。在意大利,拿破仑统帅的军队多次击退了奥地利与萨丁组成的第一次反法同盟联军,最后迫使对方签署了有利于法国的停战条约。拿破仑取得意大利战役的胜利后,他的威信越来越高,他成了法国人心目中的新英雄。而他的崛起令督政府感到了威胁,因此任命他为埃及军司令,派往东方以抑制英国在该地区势力的扩张。在拿破仑的远征军中,除了2000门大炮外,还带了175名各行业的学者以及成百箱的书籍和研究设备。在远征中拿破仑曾下达过一条著名的指令:"让驴子和学者走在队伍中间。"拿破仑本人精通数学,同时还十分喜爱文学和宗教,受启蒙运动的影响很大。

政治首脑

走进科学的殿堂

1798年5月,拿破仑率部远征埃及,打击英国势力。拿破仑的舰队被英国的海军上将纳尔逊完全摧毁,部队被困在埃及。1799年回国时,400艘的军舰只剩下2只小舰,原本侵略印度的计划受阻,人员损失惨重。

埃及风光

此时欧洲反法联盟逐渐形成,法国陷于第二次"反法同盟"国家重重包围之中,而法国国内保皇派势力则渐渐上升。

1799年8月,拿破仑最终决定赶回巴黎。1799年10月,回到法国的拿破仑被当作"救星"一样受到欢迎。11月9日,拿破仑发动了雾月政变并获得成功,攫取政权,成为法国第一执政,实际为独裁者。1800年5月,拿破仑开始第二次意大利战役,再次打击奥地利。1802年8月,33岁的拿破仑由首席执政变为终身执政,确立独裁统治。

将军的苗圃——圣西尔军事专科学校

拿破仑执政之后，对法国进行了多项政治、教育、司法、行政、立法、经济方面的重大改革，其中最著名并且直到今天依然有重要影响的《拿破仑法典》。该法典是在政变的当天晚上就由拿破仑下令起草的，拿破仑本人亲自参加了很多条款的讨论并最终确定，法典基本上采纳了法国大革命初期提出的比较理性的原则。法典在1804年正式实施，即使是在一个多世纪后，它依然是法国的现行法律。法典对德国、西班牙、瑞士等国的立法起到重要影响。在政变结束后三周拿破仑向人民发布的公告中，他自豪地宣称："公民们，大革命已经回到它当初借以发端的原则，大革命已经结束。"

拿破仑·波拿巴成为法国政府首席执政官以后，由于军队连年征战，他手下奇缺优秀军官。同时，他也非常怀念自己早年在巴黎炮兵学校的学习生涯，于是决心成立一所军官学校。他在1803年1月28日签

拿破仑为妻子加冕

政治首脑

41

走进科学的殿堂

署法令,在枫丹白露成立军事专科学校。1805年1月30日,拿破仑将一面绣有"为打胜仗而受训"校训的锦旗授予该学校。1808年3月24日,军校迁至巴黎西南郊凡尔赛宫附近的圣西尔。人们又称这所军校为"圣西尔军校"。

1804年5月,拿破仑强迫元老院封他为帝。11月6日,公民投票通过共和十二年宪法,法兰西共和国改为法兰西帝国,拿破仑·波拿巴为法兰西的皇帝,称拿破仑一世。12月2日,拿破仑仿效查理曼大帝的历史,以减少革命派对于他登基帝位的不快。同时这也是第一次法国皇帝以自己的"名字"作为皇帝的称号,他并不是由教皇庇护七世加冕,而是自己将皇冠戴到了头上,然后还为妻子约瑟芬·博阿尔内加冕为皇后。一年之后,他又在意大利由教皇加冕为意大利国王。

1805年8月,奥地利、英国、俄国组成了第三次反法同盟,拿破仑于是在9月24日离开巴黎,亲自挥军东进,到10月12日法军已经占领了慕尼黑。10月17日法国和奥地利在乌尔姆激战后,反法同盟投降。之后法国又取得了奥斯特里茨战役的胜利,反法同盟再度瓦解,并且迫使奥地利取消了神圣罗马帝国的称号。拿破仑随后联合了德国境内各诸侯国组成"莱茵邦联",把它置于自己的保护之下。

1806年秋天,英国、俄国、普鲁士组成了第四次反法同盟,但是10月14日法军同时在耶拿和奥尔斯塔特击溃敌军,普鲁士的军队几乎全军覆没,拿破仑因此取得了德国大部分地区。1807年6月,法军又在波兰大败俄国军队,拿破仑与俄国沙皇亚历山大一世会面,双方签订了和平条约,在此前一年拿破仑颁布了《柏林赦令》,宣布大陆封锁政策,禁止欧洲大陆与英伦的任何贸易往来。自此,法国在欧洲大陆的霸主地位得到了确立。拿破仑一世兼任意大利国王、莱茵联邦的保护者、瑞士联邦的仲裁者，并分别封他的兄弟约瑟夫、路易、热罗姆为那不勒斯、荷兰、威斯特伐利亚国王。

1807年末西班牙爆发内部动乱，西班牙国王遭到人民的唾弃。拿破仑于是乘机入侵了西班牙，并让其长兄约瑟夫·波拿巴成为西班牙国王。但是这个举动遭到了西班牙人的反对，拿破仑根本无法平息当地的暴动。英国在1808年介入西班牙争端，英军8月8日登陆蒙得戈湾，8月30日占领了整个葡萄牙。之后他们在当地民族主义者的支持下，逐步将法军赶出了伊比利亚半岛。

伊比利亚半岛风光

正当拿破仑陷入西班牙泥潭之际，1809年初的第五次反法同盟组成。奥地利在背后偷袭法国在德国的领土，拿破仑被迫退出西班牙，率军东征。奥地利军队虽然一开始取得优势，但是拿破仑很快就转败为

走进科学的殿堂

胜,迫使奥地利签订维也纳和约,再次割让土地。1810年,拿破仑娶奥地利公主玛丽·路易莎为妻,法奥结成同盟。

到了1811年末,法俄关系开始恶化,俄国沙皇亚历山大一世拒绝继续与法国合作抗英,最后爆发战争。拿破仑率领操12种语言的50万大军进入俄罗斯。俄军采取了撤退不抵抗的战术,直到1812年9月12日法军历经博罗金诺战役(法军有7万人阵亡和重伤)后,才进入莫斯科。拿破仑本以为亚历山大一世将会妥协,未料到迎接他的却是莫斯科全城的大火。而此时在国内又有人策划了一次失败的政变,令他不得不赶回法国,最后回到法国的只有1万人。

1813年,英国、俄国、普鲁士和奥地利又组成了第六次反法同盟,

莱比锡战役场景

双方在德国境内多次激战。虽然法军取得了多次胜利,但是针对拿破仑

将军的苗圃——圣西尔军事专科学校

的压力却是越来越大。1813年10月莱比锡战役中法军被击溃，各附庸国纷纷脱离法国独立，同盟军开始向巴黎挺进。1814年3月31日，巴黎被占领，同盟军要求法国无条件投降，同时拿破仑必须退位。1814年4月13日，拿破仑在巴黎枫丹白露宫签署退位诏书，此前两天拿破仑宣布无条件投降。拿破仑本人在退位后被流放到地中海上的一个小岛厄尔巴岛。拿破仑保留了"皇帝"的称号，可是他的领土只局限在那个小岛上。

拿破仑在往厄尔巴岛的路上几乎被暗杀，自己也尝试自杀未遂。而在巴黎，路易十八回到法国，重新成为法国国王，波旁王朝复辟。拿破仑的妻子和儿子被奥地利人囚禁，还有传闻说拿破仑将被流放到大西洋上的一个小岛。这一切令拿破仑别无选择，他于1815年2月26日逃出小岛，率领1000人于3月1日回到法国。本来被派来阻止他的法国军队转而继续支持拿破仑。3月20日，拿破仑回到巴黎，此时他已经拥有一个14万人的正规军和20万人的志愿军，路易十八逃跑，百日王朝又开始。

可是好景不长，欧洲各国又迅速组成了第七次反法同盟。1815年6月18日，拿破仑的军队在比利时滑铁卢战役中全军覆没，7月15日他正式投降。法兰西第一帝国覆灭，路易十八再度复辟。拿破仑被流放到圣赫勒拿岛。1821年5月5日，拿破仑在岛上去世，5月8日，在礼炮声中，这位征服者被葬在圣赫勒拿岛上的托贝特山泉旁。直至今日，拿破仑的死因还是众说纷纭，英国医生的验尸报告显示，他是死于严重胃溃烂，但新的研究认为拿破仑死于砷中毒，而且从当年贵族爱用的墙纸上，历史学家也发现了含有砷的矿物，估计是因为环境潮湿而使砷渗透了出来。

政治首脑

45

走进科学的殿堂

"法国最大的笨蛋"——麦克马洪

政治首脑

麦克马洪（1808—1893年），全名玛利·埃德米·帕特里斯·莫里斯·德·麦克马洪，法国军人，元帅，法兰西第三共和国第二任总统（1873—1879年）。麦克马洪1808年7月13日出生于法国索恩一卢瓦尔省，是詹姆斯党的爱尔兰家族后裔。1827年毕业于圣西尔军事学校，从此开始军旅生涯。

1830年麦克马洪作为骠骑兵团的军官参加了对阿尔及利亚的远征，在服役期间，获少将军衔。在克里木战争时，麦克马洪指挥1个师，该师于1855年占领了马拉霍夫岗（塞瓦斯托波尔附近）。

1859年奥意法战争时，麦克马洪指挥1个军，因在马进塔取胜，于1859年6月25日被授予元帅军衔，并受封为马坚塔公爵。在结束这场战争的索耳非利诺交战中，麦克马洪指挥法军中路。1864年至1870年间麦克马洪担任

麦克马洪

将军的苗圃——圣西尔军事专科学校

阿尔及利亚总督。

在1870年普法战争中,麦克马洪指挥第1军团。战争一开始,法军的腐败就暴露无遗。装备不齐、粮草奇缺、弹药不足、甚至军官找不到自己的连队。8月2日,法军闯入德境,遭到普军迎头痛击。8月6日,法军全线崩溃。法军主力部队被分割成两部分:由巴赞元帅率领一部分被普军包围在麦茨要塞;麦克马洪元帅率领另一部分。1870年8月18日,法国元帅巴赞指挥的莱茵军团被普军围困在梅斯。麦克马洪奉命率新编沙隆军团(12万人、393门火炮)前往梅斯解围,于22日从沙隆向西北迂回前进,以避免与西进的普军遭遇。

默兹河风光

26日,普军总参谋长毛奇获悉法军意图后,立即命令向巴黎推进的第3军团和新编第4军团(共22万余人、813门火炮)转向北进,

政治首脑

走进科学的殿堂

把沙隆军团逼至法国西北边境,以阻止其与莱茵军团会合并予以歼灭。29—31日,双方在默兹河两岸的努阿尔·博蒙和巴泽耶遭遇。法军失利,全部撤至色当。担任前敌总指挥的路易·波拿巴也随军逃到这里。普军跟踪追击,包围了色当。

于是,交战双方在法国边界重镇色当,进行了具有决定意义的会战。31日夜,毛奇指挥普军合围沙隆军团。

9月1日凌晨,普军第4军团从东、南方向,第3军团从西、北方向,同时向色当发起攻击,以猛烈的炮火压制对方火力,并大量杀伤法军。7时,麦克马洪中弹受重伤,由第1军军长迪克罗接替指挥(下午改由第5军军长温普芬指挥)。普军骑兵向法军阵地轮番冲击,被法军击退。迪克罗指挥法军向西北方向突围未成,后向南突围也被普军挫败。温普芬曾要求拿破仑三世率领法军进行最后一次突围,遭拒绝。

在普军的猛烈炮火轰击下,法国丢盔卸甲,溃不成军,最后被压缩到了色当城市内,混乱不堪。当天下午,法军就竖起白旗,递交了投降书。9月2日,路易·波拿巴连同元帅、39个将军、10.4万名士兵,都成了普军的俘虏,麦克马洪元帅也不例外。

这一战争,普军伤亡9000人,全歼法军沙隆军团,为进军巴黎铺平了道路。

9月4日,色当溃败的消息传到巴黎,巴黎工人和广大人民蕴蓄已久的革命激情如火山一样爆发出来。人们冲进皇宫,冲进了议会,法兰西第二帝国的丧钟敲响了,当天就宣布建立法兰西第三共和国。但是,"临时政府"的成员,大都是资产阶级政客,人民革命的胜利果实却被资产阶级窃夺去了。

麦克马洪1871年获释返回法国后,任凡尔赛军队总司令,指挥凡

政治首脑

尔赛的反革命军队进攻巴黎公社，并镇压了巴黎公社起义。

从1872年6月起，在奥尔良派头面人物布罗伊公爵周围已经形成了一个反对梯也尔的派别，并在加紧活动。由君主派控制的议会，于1873年2月底通过法令，禁止梯也尔在未经许可的情况下直接登台发表演说，他只能通过一个部长来宣读其书面发言。君主派还在1873年4月2日迫使温和共和派格列维议长辞职。5月18日，君主派聚会，商定推翻梯也尔后将推举麦克马洪接替总统。5月19日，君主派在议会里对梯也尔实施的政策提出质询，指责他为激进派进入议会提供方便。5月24日，议会以362票对348票的多数，对梯也尔政府投了不信任票，梯也尔被迫宣布辞职。当天晚上，被恩格斯称为"法国最大的笨蛋"的麦克马洪元帅，继任法兰西第三共和国总统。

恩格斯

麦克马洪是色当战役中的败将，曾经被俘，后又被遣送回国。他之所以被君主派选中，因为他是顽固的君主派。

1873年5月25日，麦克马洪任命奥尔良派重要头目布罗伊公爵为副总理，麦克马洪沿用梯也尔惯例，自己兼任总理。布罗伊实际上拥有政府首脑的职权。次日，麦克马洪在议会宣读了由布罗伊代他起草的总统咨文：

"在上帝和我们永远忠于法律的军队的帮助下，在一切教养有素的上流人物的支持下，我们将继续从事

走进科学的殿堂

解放领土,并重建我国的道德秩序。"

这个咨文是麦克马洪的施政纲领。其中关于继续解放领土云云,纯属空话。咨文中的"上帝"意味着教会和教权;"教养有素的上流人物"是督政府时期统治者的惯用语,它专指那些拥有地产的阔人;而军队在这里则一如既往地被作为政权的支柱。因此,麦克马洪所要重建的"道德秩序",实际上就是依靠军队的力量,重新整顿教会和有产者的统治秩序。可见,重建"道德秩序"不过是加强教权势力、复辟王政的代名词。

在麦克马洪上台所造成的政治气氛中,在教权派的助威声浪中,波

政治首脑

戏剧《亨利五世》剧照

旁王室长幼两支加快了联合复辟的步伐。1873年8月5日,两位伯爵在尚博尔伯爵住地面晤,双方商定由正统派尚博尔伯爵登基(以亨利五世

名义即位），因尚博尔伯爵无嗣，所以，巴黎伯爵为王位继承人。会晤中巴黎代表奥尔良家族向正统派的首脑致以敬意。

这次会晤在法国引起巨大反响。君主派、尤其是正统派为此欣喜若狂，在正统派的别墅和城堡中，人们赶制国王用的轿式马车和白旗，暗中盘算各自在未来宫廷中的职位。

正当君主派沉浸在复辟狂热中时，一件意外之事发生了：1873年10月30日，正统派机关报《联盟报》奉命发表了尚博尔伯爵三天前写的一封信。他在信中重申了登位的先决条件——取消三色旗，采用波旁王朝时代的白旗为国旗。这一态度和主张保留三色旗的奥尔良派大相径庭，双方各不相让，于是波旁两派的融合顿时化为泡影，君主派的复辟计划也随之流产。

对于法国形势的这种转变，教皇庇护九世曾懊丧地说："只是为了那么一块破布"。事实并非如此简单。君主派复辟计划之所以流产，首先是由于法国广大人民群众和共和派的坚决反对。当然波旁两派融合的失败还有其深刻的内在原因。

正统派和奥尔良派之间不同的政治主张和经济利益，促使了他们之间的融合必然破产。

但是，君主派的复辟梦想仍未泯灭，他们决心东山再起，为赢得时间，在布罗伊的操纵下，议会在1873年11月20日通过了把麦克马洪总统任期延长为7年的法案。布罗伊的如意算盘是：延长麦克马洪的任期、以排除别的派别复辟的可能；如果疾病缠身的尚博尔伯爵在7年内去世，奥尔良派就乘机复辟。

可见，总统7年任期法的通过是要稳定麦克马洪的地位并巩固没有共和党人的共和国，为复辟创造条件。但是，在共和派的努力下，法国

政治首脑

走进科学的殿堂

政局却起了不利于君主派的变化。

在"波尔多协议"以后的将近4年时间里,法国政体始终处于没有一部根本大法可资依据的临时状态之中。不过,法国政坛的格局却有了很大变化。

首先,国民议会中共和派的力量有了明显增强。议会建立之初,共和派议员人数不足君主派的2/5。但在当年7月2日举行的议会补选中,共和派却在114席中占据了99席。这说明,君主派在议会建立之初能取得压倒多数,完全是由于当时的特殊环境。一旦选民有了自由表达意志的机会,他们就毫不含糊地选择了共和制。1871年10月8日,在各省省议会选举中,共和派占据了省议员总数的2/3。共和派不断壮大的趋势即便在麦克马洪当上总统以后依然不衰。1873年10月至1875年2月间举行的几次补选中,共和派在29席中得到了23席。到1875年初,议会中共和派的数量不仅远远超过每一个君主派,而且与三个君主派之和也已相当接近。

共和派力量的加强,在很大程度上得力于他们进行的宣传,尤其是对农民的宣传。共和派提醒农民,王朝的复辟意味着他们小私有者地位的丧失,意味着什一税甚至意味着封建义务的恢复,而正统派在这一时期的活动恰恰为共和派的宣传提供了佐证。这些被大革命所打倒、在复辟王朝时期向农民勒索了10亿法郎"补偿"、然后又沉寂了近40年的法国旧制度的残渣余孽,此刻重新在公众政治生活中出现了,他们公然主张恢复波旁王朝时代的白色国旗,并且和教权派紧抱一团,这就使农民真切感到了复辟封建义务和什一税的危险,引起了他们强烈的反对。

正因为如此,1873年10月,当尚博尔伯爵似乎登位在即时,上卢瓦尔省、阿尔代什省及塞纳—马恩省的农民,立即以《民法典》为武器,

政治首脑

52

展开了对君主派的斗争。显然，农民态度的转变，对于共和制确立关系极大。

法 郎

与此同时，议会中三个君主派的力量也起了很大变化。波旁两派由于重新交恶而相互削弱了力量。总统 7 年任期法通过后，正统派撤销了对布罗伊内阁的支持。1874 年 5 月 16 日，处于共和派和正统派左右夹攻中的布罗伊内阁倒台。波旁两派内讧为波拿巴派死灰复燃创造了条件。1874 年 5 月至 1875 年 2 月，在补选的 13 名议员中，共和派占 7

走进科学的殿堂

名，奥尔良派占1名，而波拿巴派竟占5名。1874年3月，拿破仑三世之子已满19岁，达到原帝国规定的政治上的成年年龄。为此，波拿巴派在全国掀起拥戴这位废帝之子的运动，并且产生很大的影响。同年5月24日，拿破仑三世的前宫廷侍从布古安在被共和派视为禁脔的涅夫勒省出人意外地得以当选，而且公开宣称他对帝国的忠诚。6月5日，一位议员在议会出示一份文件，证明波拿巴派已经建立了旨在复辟帝国的全国委员会。

波拿巴派的再起，向议会中其他各派表明，如果再不结束政局的临时状态，刚被推翻的帝国就有可能复辟，这种前景无论是共和派还是波旁两派都是不能接受的。于是，制订一部宪法来结束政局的临时状态，以制止波拿巴派复辟，成了共和派和波旁两派的共同政治需要，这种共同的政治需要又使他们之间的关系发生了微妙的变化。例如，巴黎伯爵就曾指示其追随者，对共和派要表示一定程度的和解。而共和派则在甘必大的推动下也改变了过去否认国民议会制宪权的做法，转而和奥尔良派就制宪问题开始谈判。共和派以同意建立参议院等条件换得了一部分奥尔良党人对共和制的承认，这就形成了通过共和宪法的客观条件。1875年1月30日，瓦隆提出的确认共和制为正式政体形式的宪法修正案在议会以1票的多数得以通过。同年2月和7月，国民议会又先后通过关于参议院组织、政权组织及政权机关间关系的一系列法律，合称1875年宪法。

1875年宪法不是一个统一的法律文件，它只是一系列法律文件的总称。宪法在法国正式确立了由众议院和参议院两院组成的议会，并分别规定关于总统、众议院、参议院的选举、组成、职权以及它们相互间的关系，但对公民的权利只字不提。宪法赋予总统以极大的权力，如统

政治首脑

将军的苗圃——圣西尔军事专科学校

率军队、任命全体文武官员、有权特赦、有权在参议院赞同下解散众议院等等。宪法规定众议院由普选产生，任期4年。而参议院由间接选举产生，任期9年，并且规定1/4的参议员由国民议会选出，并终身任职。这种规定违背了共和派传统，当然更不为人民群众所希望，反映了明显的保守性。其所以如此，因为它不是人民群众斗争的直接产物，而是共和派与君主派相互妥协的结果。它反映了法国当时各派政治力量的对比：共和派力量虽有发展，但不足以单独制宪；君主派虽无力复辟，但把某些政治要求塞进了宪法。然而，这部宪法的通过，毕竟在当时起了积极作用，它为共和国的存在提供了法律依据。为斗争中的共和派提供了新的有力武器，使君主派此后的复辟活动又多了一重障碍。

根据1875年宪法规定，必须进行新的议会选举，但有75名终身任职的参议员按规定必须由国民议会本身选出。因此，国民议会在解散以前还需进行参议员选举。为了牢牢掌握参议院以对抗共和派在普选产生的众议院中可能赢得的优势，布罗伊公爵十分重视这次选举。他精心策划，提出了一份由62名君主派和13名中左派（即接受了共和政体的奥尔良派左翼）组成的候选人名单。可是，正统派因为和奥尔良派融合失败而把后者视为破坏复辟的罪人，波拿巴派因奥尔良派对帝国的指责也对其心怀芥蒂，两派便打算联合共和派，共同对付奥尔良派。当共和派首领甘必大获悉这一情况后，马上从中看出了可供利用的机会，便和两派谈判，并亲自领导了这场富于戏剧性的选举。结果，在75名终身任职的参议员中，共和派占了60名，赢得了新议会选举过程中第一个回合的胜利。

1875年12月31日，国民议会自行解散。1876年1月30日，参议院选举揭晓，在参议院300名议员（包括75名终身任职的参议员）中，

政治首脑

55

走进科学的殿堂

君主派共占 154 名，只占微弱多数。在同年 2 月 20 日和 3 月 5 日举行的众议院的两轮选举中，共和派获得压倒多数，在总共 533 个席位中占据了 340 席，君主派只占 155 席，另有 30 多席为中间派占有。

1876 年 3 月 8 日，众议院正式集会。鉴于当时担任内阁总理的比费，在 4 个选区的竞选中均遭惨败，被迫辞职，麦克马洪需要另外物色组阁人选。按照资产阶级议会制惯例，议会中多数派首领理应是内阁总理的当然人选，而在 1876 年 3 月的法国，这个人就是共和派首领甘必大。可是，麦克马洪无视议会制原则，从奥尔良派左翼中挑选了一位 78 岁高龄的杜福尔作为内阁总理，并且还以政局需要为名，责令杜福尔保留比费内阁中外交部长和陆军部长（两人皆是君主派）的职位。麦克马洪此举的用心不言自明。

杜福尔内阁注定是无所作为的，它既受制于麦克马洪总统，又要受到众议院共和派多数和参议院君主派多数的两面夹攻，因此左右为难，处处碰壁。1876 年 12 月初，杜福尔辞职。

1876 年 12 月 13 日，麦克马洪责成温和共和派西蒙组阁。西蒙是国防政府时期的主和派，1871 年 1 月底，曾受国防政府之命去波尔多取代甘必大。麦克马洪据此把他看成甘必大的政敌，他任命西蒙的目的在于分裂共和派，但是，从客观上说，任命西蒙也是麦克马洪对众议院共和派多数作出的无可奈何的让步。因为自从第三共和国建立以

政治首脑

麦克马洪

将军的苗圃——圣西尔军事专科学校

来，由共和派出任内阁总理，还是第一次。所以，西蒙的上台，表明共和派的力量正在超过君主派。

新议会选举和西蒙内阁建立以后，共和派在众议院内就财政改革、军事、铁路垄断等问题展开了辩论，并利用其多数地位使议会作出了有利于共和派的相应规定。君主派虽然失去了对众议院和内阁的控制，但还占据着共和国总统的职位和参议院多数，他们总想伺机向共和国发难。

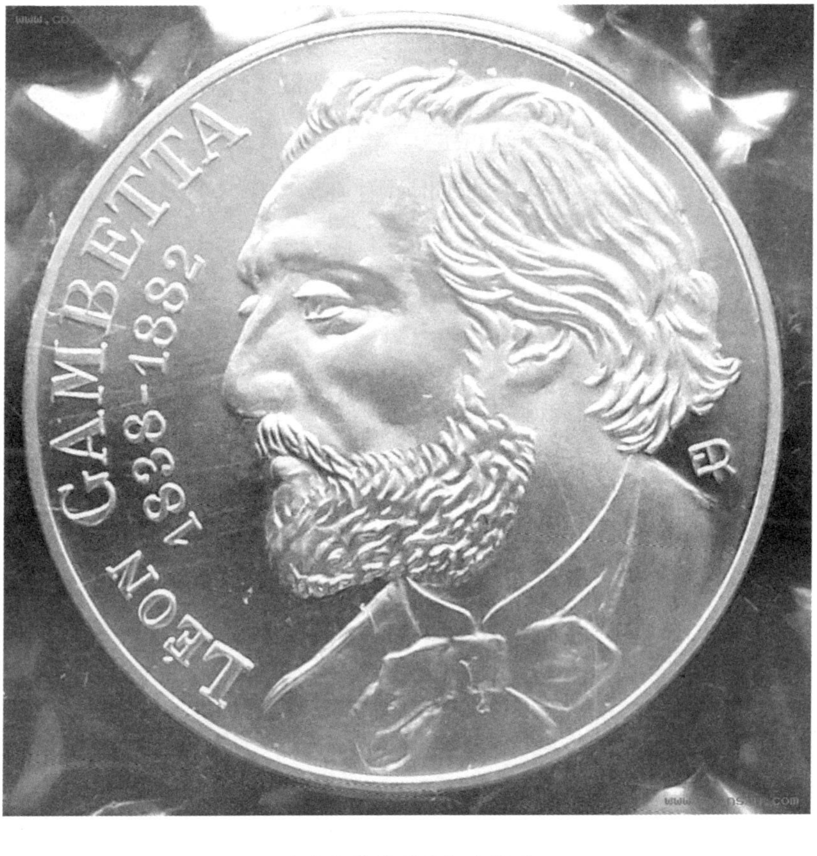

甘必大逝世百年纪念银币

政治首脑

走进科学的殿堂

1877年3月,教权派机关刊物《社会和宗教卫报》透露了君主派的杀机:"香榭丽舍宫从来没有把1875年宪法放在眼里。元帅只是因惊人的克制才容忍了朱尔·西蒙先生……,麦克马洪元帅正在等待宣布结束(共和制)试验的时机……,以后,他再也不许(共和派)越雷池一步了。"信号一经发出,教权派蜂拥而上。蒙贝利埃主教把共和国说成是"一片混乱";翁热主教竭力鼓吹恢复长子权和宗教婚姻。纳韦尔主教干脆致信麦克马洪总统,要他立即和意大利世俗政府断交,以示对教皇的支持。

针对教权派掀起的旨在颠覆共和国的新浪潮,甘必大于1877年5月4日在议会发表重要演讲。他严正警告教权派:"你们要么不做法国人,要么服从法律";在结束演讲时,甘必大引用其朋友的一句话向教权派宣战:"教权主义,这就是敌人!"随后,甘必大领导议会中的共和派,促使西蒙政府作出了限制教权派活动的规定,给了教权派以有力打击。

打击教权派就是打击君主派。麦克马洪读了甘必大在议会的演讲稿后,暴跳如雷,公开宣称"让步已到极限"。君主派和共和派之间的再次较量已不可避免。

针对共和派对教权派的打击,君主派决意进行报复。1877年5月15日,众议院通过法令,恢复陪审团对于新闻出版违法案件的审理权。西蒙对此并未反对。而在君主派眼里,恢复这一权利,无异于对他们社会秩序的侵犯。于是,在布罗伊公爵支持下,麦克马洪决定借机向共和派发难。5月16日,麦克马洪致信西蒙,指责他无力制止众议院通过上述法令,迫使他辞职。麦克马洪告诉西蒙,他"宁肯被推翻,也不愿受甘必大指挥"。共和派内阁的被推翻,这就是法国近代史上著名的

政治首脑

"5·16事件"。君主派反攻倒算的帷幕拉开了。次日，布罗伊公爵再次组成君主派内阁，并让波拿巴派铁腕人物富尔图担任举足轻重的内政部长。

为了对付君主派的反扑，众议院的363名共和派议员采取一致行动，签署了《363人宣言》，强烈谴责麦克马洪。6月16日，甘必大在议会猛烈抨击麦克马洪强加给众议院的布罗伊内阁，把它称为"教士的政府，神甫的内阁"。6月19日，众议院以363票对158票通过决议，拒绝承认布罗伊内阁。麦克马洪见众议院不肯就范，就伙同参议院的君主派于6月25日解散了众议院。君主派和共和派的斗争进入高潮。

甘必大

为赢得新众议院的多数，双方都投入了空前激烈的竞选活动。君主派利用其执政地位，竭力打击共和派。据统计，从布罗伊5月17日组阁到10月14日第一轮选举揭晓，政府共罢免25名共和派省长，解散了613个支持共和派的市镇议会，撤换了共和派市长1743人，副市长1344人。1385名共和派官员被解职，另有4799人被调离要害部门。共和派聚会的2067家酒吧被关闭，344个共和派团体被禁止活动。这一时期，共和派人士因竞选而被判刑的总计达46年，罚款总额达100多万法郎。波拿巴派的一家地方报纸甚至叫嚣："我们要把共和国和共和派搞成连狗都不吃的烂泥浆！"君主派如此穷凶极恶，怪不得时人爱德

走进科学的殿堂

蒙·阿布写道："布罗伊—富尔图内阁的杰作，就是在5个月内集中了专制帝国在18年里专横跋扈地所干的一切。"

由于法国人民，尤其是无产阶级的支持，以甘必大为首的共和派在同年10月举行的众议院大选中再次获胜。10月14日，第一轮选举揭晓，共和派就占了很大优势。11月7日，新众议院集会；经过议员当选资格的审查，共和派占了更大优势。甘必大担任了众议院议长，君主派的反扑彻底失败。麦克马洪曾指望利用军队举行政变，但他发现，大部分官兵倾向于共和制，于是只得屈服。11月10日，布罗伊内阁倒台。12月13日，共和派再次组阁，夺回了行政权。这时，共和派已经有了主动进攻的力量。1879年1月5日，他们乘参议院改选之机，又赢得了参议院多数。1879年1月30日，麦克马洪见大势已去，被迫辞职，共和派格列维担任总统。至此，众、参两院、内阁、总统职位已尽数被共和派掌握，共和派全面胜利的格局已经形成，"共和派的共和国"终于得到最终的确立。

1893年10月17日，麦克马洪在卢瓦雷省去世。

麦克马洪

政治首脑

将军的苗圃——圣西尔军事专科学校

法兰西第五共和国的创建

夏尔·戴高乐，法兰西第五共和国的创建者、法国军人、作家和政治家，第二次世界大战时期"自由法国运动"的领袖，1959年至1969年的法兰西共和国总统。

戴高乐于1890年11月22日出生在法国北方里尔市一个世代笃信天主教的教师家庭，其幼年时代就受到家庭良好环境的熏陶。他热爱祖国，牢记失败的耻辱，坚持崇高的信念。他的祖母约瑟芬·玛约是一位知书达理的爱国主义作家，写了许多传记文学作品，这些作品也是戴高乐最早接触的读物，这对他从幼年起就迷恋于祖国的传统思想有一定影响的。他的父亲亨利·戴高乐毕业于专门培训陆军技术人才的巴黎综合工科学校。

戴高乐

政治首脑

1870年，普法战争爆发后，亨利·戴高乐应征入伍，在战斗中负过伤（为此获得一枚勋章）。战争结束后到一所基督教神父办的学校任

61

走进科学的殿堂

教员，教授哲学、数学和文学。这个有较好素养的家庭给了戴高乐深刻的影响。

在中小学读书期间，戴高乐最喜爱的功课是文学和历史，他最喜爱爱国诗人罗斯唐的作品。在他十岁生日那天，父亲带他去看罗斯唐的戏剧《小鹰》，他被这出爱国主义戏剧迷住了，一回家就说他将来要当兵。当时，因普法战争失败而割地赔款的屈辱压抑着每一个热爱自己祖国的法国人。许多青年都深怀振兴法国、报仇雪耻的强烈情绪，戴高乐也不例外。他在回忆录中追述说："必须承认，当我在青年时代想起这一场不可知的冒险（指战争）时，心中不但没有恐惧，而且还暗自赞美了一番。总之，我当时毫不怀疑法国将经历一场严重的考验，我认为人生的意义就在于有朝一日为它立下丰功伟绩，而且相信我将来一定能获得这个机会。"

戴高乐立志从戎的夙愿在1909年8月如愿以偿，他考进了圣西尔军事学校，开始了他的军人生涯。

在圣西尔军校学习期间，戴高乐思想活跃，勤于思考，在军事理论上敢于提出自己的见解。他不同意多数人的"刺刀比枪炮优越"的观点，而强调人力在战斗中的重要作用，他的观点受到上级赞誉。后来，戴高乐在圣西尔军事学校任战争史教员期间，他根据自己在第一次世界大战中的体验，深信未来战争中技术兵器将起十分重大的作用，进而提出了在空军紧密配合下使用步兵和坦克联合作战的观点，表明了他在军事理论方面的远见卓识。

在军事学院学习期间，戴高乐除了学习规定的课程以外，还阅读和研究了大量有关第一次世界大战的文件和书籍。他结合自己的实战经验，更加坚信：未来战争将具有高度的机动性和进攻性，战争将主要依

政治首脑

将军的苗圃——圣西尔军事专科学校

圣西尔军校学员

靠高度机械化的地面部队的主动进攻取胜,单纯构筑坚固阵地的消极防御战略必将被淘汰。所以他认为,法国应该发展机动性强的坦克机械化部队,他还对院方在教学中坚持陈旧过时的传统战术思想的做法进行了抨击。戴高乐明知坚持自己的观点会影响毕业考试名次,甚至还会影响毕业后的工作分配,但他在最后一次考核演习中,仍然按照自己的观点制定演习计划、指挥演习部队。结果,顽固坚持"阵地防御战略"观点的教官穆瓦朗给他的毕业评语既写了"有无可否认的才华和优秀品质",也写上了"过于自信,而且举止傲慢,俨然像个流亡的国王"。

走进科学的殿堂

戴高乐满怀报国热情，勤奋学习，刻苦钻研，在军事理论和技能上打下了坚实的基础。

1912年10月1日，戴高乐从圣西尔军校毕业，被授予少尉军衔，并被分配到部队任见习军官。他与团长菲利普·贝当上校在军事上的见解常常不谋而合，因此备受青睐。1913年10月戴高乐晋升为中尉，这就是法国历史上两位重要人物最初的交往，当时，戴高乐才23岁。

第一次世界大战时，戴高乐在凡尔登作战，曾3次负伤，多次受表扬。1915年9月4日，戴高乐的

少年时期的戴高乐

伤势刚刚痊愈就被提升为上尉，10月30日，他受命指挥33团第10连。1916年3月2日戴高乐负伤被俘，被囚禁了两年八个月。起初，他被关在弗里德贝格的战俘临时收容所，他刚刚恢复健康，就开始挖地道，并通过地道逃到了荒郊，可是他个子高，躲不住，又被逮住了。第二次尝试也失败了，因为他偷来的德国制服短得几乎连肘部和膝盖都遮盖不住。第三次试图逃跑也未成功。此后，戴高乐被转押到因戈尔施塔特的惩罚营，他在那里结识了其他一些逃跑未遂的勇敢人物，如雷米·鲁尔，此人后来成了《时报》的专栏作家，经常撰文支持戴高乐；贝尔热·莱弗罗尔，后来戴高乐著作的出版商；卡特鲁少校，他在1940年任法属印度支那总督，他最早响应了戴高乐将军对全体法国国民的号召。第九号城堡关押了200多名军官，有法国人，还有英国人和俄国

将军的苗圃——圣西尔军事专科学校

人,俄国军官中有一个23岁的年轻人,他结实,漂亮,傲慢不逊,名叫图哈切夫斯基,后来成为苏联红军元帅。

两年零八个月的德国监狱生活,的确令人沮丧,但对戴高乐来说却非虚度,他以德文报纸当材料,精通了德语。

在第一次世界大战结束后,英、法、美、日等帝国主义国家,又组织了对新生的苏维埃共和国的武装干涉,戴高乐应召前去华沙同苏联红军作战,他在那里仅参加了一次战斗,就被波兰军事学院聘为教官,他的任务是教授战术学。他和以往一样认真从事教学工作,但却完全摆脱了他在国内受到的种种约束,享受着"华沙的自由生活"。

华沙风光

1921年4月,戴高乐从波兰回国度假,在加来圣母院教堂里和伊

走进科学的殿堂

冯娜·旺德鲁举行了婚礼。

1925年10月,戴高乐被贝当提拔为最高作战会议参谋,1927年至1929年在占领莱茵区的部队里任少校。1929年底至1931年底,戴高乐在中东服役两年。之后,他在国防委员会担任4年书记处成员。1936年,德国进军莱茵之际,戴高乐主张法国"应该迅猛而突然地采取行动"。1937年底,戴高乐晋升上校,担任驻梅斯的第507坦克团团长,"他大搞坦克战和快速出击演习,并终于有机会在实际中去检验他的理论"。

在1924年至1938年这段时间内,戴高乐撰写了《敌人内部的倾轧》(1924年)、《剑刃》(1932年)、《未来的军队》(1934年)、《法国和她的军队》(1938年)等著作。

1939年11月初,戴高乐上书总参谋部,阐述他建立机械化部队的主张。

政治首脑

戴高乐在发表抵抗演说

第二次世界大战爆发后,他在法国第5军任坦克旅旅长,1940年5月任第4装甲师准将,同年6月6日任国防部副国务秘书,主张抵抗纳粹德国的进攻,拒绝在德法停战协定上签字。德军占领巴黎后戴高乐出走英国。

1940年6月18日,戴高乐第一次在伦敦向法国发表广播演说,呼吁同胞在他的领导下继续抗战。6月25日,他创建并领导法兰西民族委员会(后改称自由法国政府,

66

法兰西民族解放委员会），抗击德国的侵略。

戴高乐

1940年9月，戴高乐为了争取法国的非洲属地，在英国的援助下拟在达喀尔登陆，因走漏消息而被维希法国的舰队捷足先登，经过一场战斗，戴高乐只得宣布撤离，达喀尔计划流产。

1941年6月22日，希特勒军队入侵苏联，结果使苏联和英国、自由法国结为盟友。9月底，苏联政府承认戴高乐将军为自由法国的领袖。戴高乐则决定给英美施加压力，以便尽快在欧洲开辟第二战场。1942年初，戴高乐派穆兰去法国南部联络国内抵抗力量，力图建立统一抵抗组织，并使其从属于自由法国。

1943年5月，以穆兰为主席的"民族抵抗委员会"成立，戴高乐被确认为法国抵抗运动的唯一领袖，从而实现了法国内外抗德运动的合流。不久，戴高乐把自由法国更名为"战斗法国"，不仅在政治上而且在军事上进一步统一了国内外抗德运动。

1943年5月底，戴高乐把"战斗法国"的最高领导机构从伦敦迁到阿尔及尔，并就任法国民族解放委员会主席。

1944年6月6日，法国解放战役打响。戴高乐向法国人民发表演讲："对于法兰西的儿女们来说，无论他们在哪里，也无论他们是谁，他们唯一的神圣职责是用一切方法打击敌人。……在我们的血和泪所凝成的乌云后面，现在正在重新出现象征着我们伟大的太阳！"

走进科学的殿堂

政治首脑

1944年8月13日，戴高乐返回法国。8月19日，巴黎人民发动武装起义，准备解放首都。戴高乐亲自同艾森豪威尔交涉，使法国的勒克莱尔部队在巴黎人民起义的关键时刻，赶来参战，拔除了德军的最后据点。

1944年8月25日，巴黎解放后的第3天，戴高乐在群众的欢呼声中进入阔别了四年的首都。9月，戴高乐改组临时政府，自任总理兼国防部长，并广泛吸收各种政治倾向的人士参加，共产党人也被吸收参加政府。法国共产党参加政府，这在法国历史上还是第一次。10月23日，美、英、苏分别承认法兰西共和国临时政府。至此，戴高乐创建的"自由法国运动"完成了自己的历史使命，戴高乐也完成了从鲜为人知的军人变为声誉卓著的政治家的过程，正式开始了全国范围内的第一次执政。

为了拯救和恢复法国经济，戴高乐推行国有化，对全国经济进行

戴高乐回巴黎

戴高乐军装照

将军的苗圃——圣西尔军事专科学校

某种程度的计划管理,并采取了某些社会改革措施。戴高乐在法国历史上第一次建立了社会保险和福利制度;在企业成立了有职工代表参加的企业委员会;改革租佃制度,保证佃户的长期租佃权和优先购买权,以利于发展农业生产和稳定农村人口。在外交和国际事务上,戴高乐自命为法兰西的化身,发誓要让法国重新跻身于大国行列。戴高乐于1944年11月出访苏联,并与斯大林签订法苏友好条约,从而扩大了法国在国际上的回旋余地,终于争取到了战后参加盟国的对德管制,并被邀请参加伦敦的四国外长会议,讨论对德和约的基础。这是戴高乐的重大外交成就。

斯大林

1945年11月,戴高乐被推举为法兰西共和国临时政府总理。1946年1月20日因对三个政党组成的左翼联合政府不满而辞职。1947年戴高乐创建法兰西人民联盟。在1949年以后的12年里,他一直站在反对派立场,反对新宪法,指责宪法条文将使法国重蹈第二共和时代政治动荡的覆辙。1951年成立正式政党,在议会里占有120个席位,后由于不满议会党团断决与议会组织的联系,该党在1955年解体。

1955年至1958年戴高乐隐退乡间埋头写回忆录,写成《荣誉的召唤》、《团结》和《救星》3书。

政治首脑

走进科学的殿堂

1958年6月1日,戴高乐出任总理,组成法兰西第四共和国的最后一届政府。当政之后,戴高乐即提出加强总统权力的新宪法草案,经1958年9月28日公民投票,新宪法以78.5%的票数被通过,于10月4日生效。至此,法兰西第四共和国为戴高乐创建的第五共和国所代替,法国由多党议会制过渡到实际上的总统制。1958年12月,经普选,戴高乐当选为第五共和国总统,1959年1月,就任第五共和国总统。

1965年12月19日,戴高乐再次当选为总统,1966年戴高乐宣布法国完全退出北约组织,但仍保留为大西洋联盟的成员。

在戴高乐第二任总统任期中,提倡东西方"缓和与合作",主张与苏联以及东欧国家进行贸易和文化交流,力求恢复法国作为一个大国的威望,力图在解决欧洲和世界问题时维护法国的民族独立和主权。1964年他承认中华人民共和国,还主张美军退出越南,并周游许多国家以加强法国国际地位。

越南战争图片

将军的苗圃——圣西尔军事专科学校

戴高乐在担任总统职务的 10 年里，逐步实现了他从青年时代就立下的恢复法国在战争中失去的世界大国的地位、使法兰西民族重放历史光辉的宏伟抱负。他一方面对美英的霸权做法进行不懈的斗争，另一方面则不顾美国多次反对和利诱，制定独立发展核战略力量的计划，维护法国的民族独立和主权，大大提高了法国的国际地位，对欧洲和世界局势发挥出了独有的作用。

正当法国在戴高乐领导下向世界最发达国家迈进的时候，1968 年 5 月，突然爆发学生和工人运动，这使他极度震惊。5 月 24 日和 30 日，戴高乐两次向全国发表广播演说。在随后的选举中，戴高乐派获得重大胜利，但他的个人地位无疑受到群众运动的影响。1969 年 4 月，举行公民投票表决，结果戴高乐失败了。于是戴高乐再度引退，从此脱离法国政坛，回到家乡科龙贝继续写他的回忆录。

1970 年 11 月 9 日，戴高乐——这位来自圣西尔军校的将军，这位法兰西的抗战领袖、共和国总统，因心脏病发作在科龙贝猝然去世，享年 80 岁。

戴高乐逝世后，法国总统蓬皮杜发表广播讲话时说，戴高乐将军逝世了，法国失去了亲人。戴高乐将军拯救了我们的荣誉，他领导我们走向解放和胜利。他使今天

戴高乐

走进科学的殿堂

的法国有了自己的制度、独立和国际地位。11月11日，毛泽东主席在致戴高乐夫人的唁电中，称戴高乐是"反法西斯侵略和维护法兰西民族独立的不屈战士"。

治首脑

将军的苗圃——圣西尔军事专科学校

罗贝尔·盖伊总统

罗贝尔·盖伊，科特迪瓦前总统、科特迪瓦民主和平联盟主席。

罗贝尔·盖伊1941年3月出生于科特迪瓦西部的卡巴古玛，12岁起就参加了童子军。曾先后在上沃尔特（现布基纳法索）首都瓦加杜古军事预备学校和法国圣西尔军校接受军事训练，1965年被任命为陆军少尉，1967年被提升为中尉，曾在国防部担任负责行政和立法处的副职。

1971年盖伊晋升为上尉后，被派到布阿凯军校，先后任士官生队、训导队和培训队的指挥员。1975年，盖伊在法国蒙彼利埃参谋军校接受培训后，被任命为宾热维尔技术预备军校司令、营长，1978年晋升为中校。1978—1980年在巴黎战争高级军校和巴黎消防队继续接受培训，随后被任命为科特迪瓦军事消

罗贝尔·盖伊

政治首脑

走进科学的殿堂

防大队司令。1985—1988 年被任命为科特迪瓦国民军副总监。

1988 年,盖伊在北方科霍戈地区任第四军区司令。1990 年 6 月,盖伊因处理国内爆炸性局势有勇有谋而被博瓦尼总统任命为国民军总参谋长。1990—1992 年,盖伊一直是博瓦尼政权中的军方实权人物,被认为是科空降快速反应突击队的创始人。由于他帮助当局维持社会治安有功,1991 年 7 月被任命为陆军准将。

1993 年,前总统逝世,盖伊成功地劝说了总理瓦塔拉不与贝迪埃争代行总统职位。1995 年总统选举期间,他因与贝迪埃在处理反对党抵制总统选举是否动用军队的问题上有分歧,被贝迪埃贬职退休。

1996 年 1 月 26 日—8 月 10 日,盖伊任体育部长。1999 年 12 月 23

政治首脑

科特迪瓦风光

将军的苗圃——圣西尔军事专科学校

日,盖伊发动军事政变。24日,他宣布解除贝迪埃总统的职务,解散国民议会、政府、最高法院和其他权力机构。25日,盖伊宣布成立由10名成员组成的"全国救国委员会"接管政权,他出任全国救国委员会主席。2000年1月5日,科特迪瓦政变当局宣布,由21位部长组成了科过渡政府,盖伊任共和国总统兼国防部长。

过渡政府总统盖伊将军以国父博瓦尼的道德与精神使者面貌出现,以超越党派的裁判员身份来约束自己的言谈,以及他大起大落的人生经历,都为他平添了不少个人魅力与威信。

政变上台3周,盖伊不断地引用已故总统博瓦尼的语录,反对贝迪埃的部族歧视政策,要重新执行博瓦尼的"团结、和平与博爱"政策;要惩治腐败与贪官,建立廉洁政府。政变后,政府中除部长外,连前总统的礼宾官都继续沿用。尤其是盖伊个人简洁、果断、说话算话的军人风格,令普通百姓感到亲切。有人称他"一周工作量超过了贝迪埃5年的工作量",科国内开始酝酿着一股力劝盖伊竞选总统的政治力量。盖伊一直表示对政治不感兴趣,而对是否参与竞选却不置可否。

为了兑现其通过民主选举"还政于民"的承诺,军政府决定在2000年10月22日举行总统选举。2000年8月下旬,盖伊不顾国内外舆论的抨击和反对,坚持要以"超越党派"的候选人身份参加选举。10月23日,当发现全国选举委员会公布的选举结果开始对自己不利时,盖伊不等选举委员会公布完结果,就强行解散了该委员会,自行公布选举结果,宣布获得大选"胜利"。他的行为引起了军队内部官兵的强烈不满,25日,军队采取行动,倒戈支持科特迪瓦人民阵线主席洛朗·巴博,迫使盖伊交出权力后返乡隐居。2002年5月19至20日,科特迪瓦民主和平联盟在阿比让举行第一届代表会议,盖伊正式当选为该

政治首脑

走进科学的殿堂

党主席。

洛朗·巴博

2002年9月19日，科特迪瓦发生改变，配备重型武器的叛军武装袭击了首都的政府和安全设施。在这次兵变中，科特迪瓦前政变领导人丧生。警方和军方官员称，科军队前总参谋长罗贝尔·盖伊是在阿比让市中心一个军事检查站被击毙的。原因是他乘坐的汽车拒绝了停止检查的命令。警方朝盖伊的车辆开火，盖伊当场毙命。

将军的苗圃——圣西尔军事专科学校

突尼斯总统本·阿里

扎因·阿比丁·本·阿里，突尼斯现任总统，蝉联四届的总统，民主政宪联盟主席。

本·阿里1936年9月3日出生于突尼斯第三大城市苏塞市郊的哈马姆—苏塞镇。曾受电子学高等教育，获电子工程师文凭。先后在法国圣西尔军院、法国夏龙—马恩河炮兵学院、美国情报与安全高等学院、美国野战与防空炮兵学校深造。

本·阿里

1958年至1974年，本·阿里历任突尼斯参谋部参谋、军事安全局局长。1974年至1977年任驻摩洛哥大使馆武官。

1977年至1980年，本·阿里任国防部长和国家安全总局局长。1979年4月由上校晋升为准将，1980年至1984年任驻波兰大使，1984年10月晋升为将军，1984年10月至1985年10月任负责国家安全的国务秘书。1985年10月至

政治首脑

走进科学的殿堂

1986年4月任总理府负责国内安全的部长级代表。1986年4月至1987年5月任内政部长。1986年6月任社会主义宪政党副总书记和政治局委员。1987年5月任内政国务部长。1987年10月任总理兼内政部长和社会主义宪政党总书记。

1987年11月7日,突尼斯发生了政权更迭,总理本·阿里取代了年迈多病的哈比卜·布尔吉巴总统,担任突尼斯共和国第二任总统和武装部队总司令,并组成新政府,从而使自独立后长达31年的布尔吉巴时代成为历史。布尔吉巴及其亲属于11月9日离开国家元首的住地迦太基宫,前往突尼斯市南郊的莫尔纳克,开始其退休生活。

政治首脑

突尼斯风光

突尼斯这次政权更迭没有引发流血事件。7日清晨6点半,本·阿里在国家电台宣读他已接替布尔吉巴担任共和国总统和武装部队最高司令的公报后,突尼斯市像往日一样平静,在上班高峰时,交通正常。虽

将军的苗圃——圣西尔军事专科学校

然在各要道上有国民卫队的军车及持枪而立的国民卫队士兵，所有通往总统府的道路也处于戒严状态，但并没有发生意外事情。当天上午，本·阿里就组成了突尼斯新政府，下午，本·阿里在议会宣誓就职。

1988年2月，社会主义宪政党改名为宪政民主联盟，本·阿里任主席。1989年4月正式当选总统。

1991年4月，本·阿里总统对我国进行了正式友好访问。

1993年7月，在党的第二次全国代表大会上，本·阿里再次当选为主席。

1994年3月，本·阿里又当选为总统，任期5年。1994年6月至1995年6月，本·阿里出任第30届非统首脑会议执行主席。

1998年7月31日，本·阿里再次当选突尼斯宪政联盟主席。

1999年10月25日，本·阿里在大选中获得99%的选票，第3次连任突尼斯总统，11月15日正式就职。

在本·阿里执政这些年里，突尼斯经济得到了长足的发展，国民经济一直保持5%的增长率，老百姓安居乐业。

本·阿里在政治体制问题上，没有盲目照搬西方的民主政治，而是注重把政治民主进程与国情结合起来，对政治改革采取了循序渐进的方针，并在改革中特别重视他所领导的宪政民主联盟的执政能力建设。除了良好的社会政治环境，本·阿里的政绩使他赢得社会各阶层的支持。

本·阿里的三大业绩人人称道：一，国家实行小学义务教育，使文盲率越来越低，国民素质得到了提高；二，提倡男女平等，鼓励成年女性参加工作，"职业妇女"越来越多；三，实行计划生育政策，鼓励每对夫妇只生两个孩子。

现在，突尼斯政治稳定，被国际社会公认为是经济发展最迅速，社

政治首脑

会最安全的非洲国家之一。

2001年11月16日，中国全国人大常委会委员长李鹏在突尼斯进行正式友好访问时，前往突尼斯总统府会见了本·阿里总统。宾主双方在亲切、友好、诚挚的气氛中就两国关系和共同关心的国际和地区形势深入交换了意见，达成了广泛的共识。本·阿里总统热烈欢迎李鹏委员长访问突尼斯，认为两国高层领导人的相互交往，对推动两国关系的发展具有特殊重要性，对中国多年来对突尼斯的帮助表示感谢。

本·阿里

2002年4月18日，中国国家主席江泽民在即将结束对突尼斯的国事访问之前，在突尼斯总统府与本·阿里总统进行了亲切会谈。

2004年6月21日，中国国家副主席曾庆红在突尼斯总统府会见了突尼斯总统本·阿里。

2004年10月24日，突尼斯总统选举与突尼斯议会选举同时举行，446万多选民参加了投票，投票率为91.52％。

在这次突尼斯大选中，共有4名候选人。除68岁的本·阿里外，另外3名反对党候选人的选举结果分别是：人民团结党总书记布希哈的得票率是3.78％，自由社会党主席贝吉的得票率是0.95％，革新运动全国委员会主席哈鲁阿尼的得票率是0.79％。

68岁的原总统、执政党宪政民主联盟的候选人本·阿里，以获得约94.49％选票的优势，在执政17年后第4次当选连任总统，任期5年。

元帅的摇篮

将军的苗圃——圣西尔军事专科学校

勒克莱尔将军

勒克莱尔将军（1902—1947年），原名菲利普·勒克莱尔·马里·德·奥特克洛克，法国陆军元帅和二战时期将军，"巴黎解放者"。

1902年11月22日，德·奥特克洛克出生于法国索姆省庇卡底里的一个贵族家庭。1922年，他考入圣西尔军校，4年后以优异的成绩毕业加入法国陆军。不久，他被派往摩洛哥镇压暴动。暴动平定后，他回到圣西尔军校任教官。1937年德·奥特克洛克被晋升为上尉。

第二次世界大战爆发后，德·奥特克洛克任法国陆军第四步兵师参谋长。1941年8月被晋升为陆军准将，1943年获得陆军中将军衔。

1940年3月10日，德·奥特克洛克参加了法国在比利时对德军的作战。1940年3月底，第四装甲师与友临部队撤退至里尔一带时，被德军包围。德·奥特克洛克想尽一切办法，硬是溜过了德军的封锁线，

勒克莱尔将军

加入了由布森将军指挥的一支装甲师。6月15日，在奥布河附近的一次交火中，德·奥特克洛克因受重伤，被送往多耐尔进行救治。德·奥特克洛克在后来的战争曾两次被俘，但两次都得以逃脱。在法国宣布投降以后，德·奥特克洛克于1940年6月25日回到巴黎。

就在此时，英吉利海峡对岸传来了不屈的宣言，夏尔·戴高乐将军正式举起了"自由法国"的大旗。听说了这个消息以后，德·奥特克洛克立即动身前往英国。7月3日德·奥特克洛克携妻子和六个孩子经由西班牙、葡萄牙，历时3个星期，最终于1940年7月25日抵达伦敦，参加了戴高乐领导的"自由法国运动"。

为了避免家人受到德军的报复，德·奥特克洛克从此化名"勒克莱尔"。从此，这个传奇式的名字伴随他度过了硝烟弥漫的战场生涯，成为法国人民的骄傲。

戴高乐

1940年8月，德·奥特克洛克奉戴高乐的命令前往非洲法属殖民地，争取这些国家加入"自由法国运动"。在1940年8月29日至1940年11月12日这段时间里，德·奥特克洛克先后任法国驻喀麦隆总督和法属赤道非洲"自由法国"部队司令。

到了1940年12月，德·奥特克洛克改任法国驻乍得部队总指挥，与意大利军队作战。1941年1月正式向驻守在利比亚的意大利部队发

将军的苗圃——圣西尔军事专科学校

动了进攻，并攻占了库弗拉绿洲。后率部自乍得北上，在沙漠中与意军作战。

1942年8月，德·奥特克洛克奉命组建法国装甲第2师。这支部队简直就是一支杂牌军，其组成超过3000支部队，其中包括：法属塞内加尔散兵团、一支骆驼骑兵部队、一支法国驻非洲的规模很小的装甲部队、一些英国军官和一支来自布列塔尼的飞行中队。但这个师是清一色的美式装备，经过北非战火的考验后，又在英国进行了严格的整训，具有较高的军事素质和战斗力。

也正是这支部队，在利比亚南部一举突破了意大利的防线，并于1943年1月23日与从埃及出发的英第8集团军在的黎波里会师，并在解放突尼斯的战斗中一举扬名。

当他们回到阔别多年的祖国作战，受到了家乡父老同胞们狂热的欢迎和鼓励，士气大振，急切地寻找杀敌复仇的机会，以恢复法兰西往日的光荣。在盟军反攻欧陆的战役中，该师与美军并肩作战，表现得相当出色。

1943年5月5日，德·奥特克洛克正式出任新组建的自由法国第2装甲师师长一职。

在解放法国的战斗中，德·奥特克洛克率领法军的第2装甲师加入到由乔治·巴顿将军指挥的美第3集团军，并于1944年8月1日登陆诺曼底。该部队的首次出击便成功地完成了对德拉法莱斯德军的包围，并于8月12日攻占了阿尔让坦。后来，德·奥特克洛克又率领着法国自己的部队与英美盟军并肩作战，收复了大片国土。当盟军推进至巴黎市郊的时候，盟军最高统帅艾森豪威尔将军亲自下令乔治·巴顿的第三集团军停止进攻，同时命令其他的盟军部队直在设法避开巴黎，指令由

元帅的摇篮

85

走进科学的殿堂

法国第 2 装甲师来完成解放巴黎的任务！可这时，希特勒给德军指挥官迪特里希·冯·考尔梯茨的命令居然是一旦巴黎失守便炸毁巴黎！情况紧急 18 月 22 日，总攻正式打响！戴高乐命令法军全速推进，"我们不可以耽误片刻时间！"

第 2 装甲师在一天时间里就向巴黎突进 100 英里。23 日夜 9 时 22 分，上尉雷蒙德·迪奥尼的坦克"Romilly"号以及同行的两辆"谢尔曼"式坦克冲到了巴黎市中心大厦。24 日上午，他率"自由法兰西"部队第 2 装甲师主力攻入巴黎，摧毁德军在巴黎的指挥部。德·奥特克洛克在蒙帕那斯车站正式接受了德军指挥官迪特里希·冯·考尔梯茨将军的投降。德·奥特克洛克率领着法国自己的部队开进巴黎，解放了祖国的首都！因此获得了"巴黎解放者"的殊荣，并成为法军装甲兵的元勋。

巴黎风光

将军的苗圃——圣西尔军事专科学校

1944年9月，他指挥法国第2装甲师（自由法国军队中战斗力最强的部队）继续同英美盟军与德军作战，法军很快地突破德军阵地并开始包围德军部队，德军最终投降。11月，德·奥特克洛克的部队又参加了解放史特拉斯堡的战斗，随后进军德国，协同美军，一直打到了希特勒设在巴伐利亚的总部贝希特斯加登。

1945年8月欧洲战结束后，德·奥特克洛克奉命前往远东任法国远东远征军总司令，恢复法国在印度支那的殖民地，并于1945年5月正式成为了法国荣誉军团的一员，同年正式更名为雅克·菲利普·勒克莱尔·德·奥特克洛克。9月，德·奥特克洛克代表法国政府，在美国战列舰"密苏里"号上接受日本的投降。

作为法国驻印度支那的指挥官，德·奥特克洛克在越南南部抵御着越南独立同盟会（简称"越盟"）的进攻，但同时他也意识到需要通过

"勒克莱尔"坦克

谈判的方式来解决殖民地的问题。1945年10月，德·奥特克洛克的部队继续向南推进，击溃了越盟在西贡附近的防线，挺进至湄公河三角

元帅的摇篮

走进科学的殿堂

洲。后来让·圣德尼乘飞机抵达西贡，和德·奥特克洛克商议有关事宜，并作为法国政府特派员与越盟开始谈判。事后，海军上将蒂埃里·达尚利尔坦率的阐述了自己对德·奥特克洛克的看法："我很吃惊——没错，是那个词，吃惊——我们英勇的法国远征军的统帅竟是一个更愿意去谈判的统帅。"

谈判毫无结果，德·奥特克洛克将军被调回巴黎，而且他还提醒当局"除非能够解决民族主义问题，否则反共无任何意义"。但他的意见却被忽略了。1946年7月，德·奥特克洛克被别人取代，继而就任法国驻北非部队总监。

1947年11月28日，德·奥特克洛克乘坐的飞机"塔利号"在北非考洛姆—贝查尔附近失事，坠落在沙漠上。德·奥特克洛克及其随行的7名军官全部遇难。

"勒克莱尔"坦克

戴高乐听到德·奥特克洛克遇难消息后，悲痛不已。为了纪念这位

将军的苗圃——圣西尔军事专科学校

伟大的将军，1948年6月18日，戴高乐把巴黎的一条大街命名为"勒克莱尔将军大街"。1952年7月，法国政府追授德·奥特克洛克法国元帅军衔。

1986年1月30日，法国研制的一种新型坦克被命名为AMX"勒克莱尔"坦克，以纪念二战期间率领法国装2师解放巴黎的勒克莱尔将军。

元帅的摇篮

走进科学的殿堂

吉罗将军

元帅的摇篮

亨利·奥诺雷·吉罗，法国陆军上将，1897年出生于法国，1900年毕业于圣西尔军校。

吉罗将军从圣西尔军校毕业后，在步兵部队服役，参加了第一次世界大战，但在第一次世界大战对德战争中失去了一条腿。

吉罗将军从1922年至1926年，在驻北非法国军队服役。1936年任殖民地所属国军区司令兼法国最高军事委员会委员。第二次世界大战开始后任第7集团军司令，后任第9集团军司令。1940年5月法国沦陷以后吉罗将军被俘，他一直被软禁在法国南部。

1942年11月北非登陆前夕，由于伦敦和华盛顿都坚信吉罗将军能把北非的法军引领到盟国阵营来，所以采取非常措施，由英、美特工人员把吉罗将军从法国南部营救出来，准备以他的威望来号召北非的法军与盟军合作。

墨菲告诉艾森豪威尔，驻阿尔及尔军团司令的参谋长查尔斯·马斯

戴高乐将军

将军的苗圃——圣西尔军事专科学校

特将军向他保证，如果吉罗到阿尔及尔，所有法国殖民部队都会集结在他的周围，因此如果吉罗出面，盟军登陆时不会抵抗。

吉罗、罗斯福、戴高乐和丘吉尔在卡萨布兰卡会议上

虽然艾森豪威尔不完全信任吉罗，但墨菲返回阿尔及尔后，发来了电报说，除非让吉罗担任最高统帅，否则他不会参加。墨菲说，除吉罗外，还有另外一个选择。达尔朗海军上将的儿子，曾找到墨菲向他保证，海军上将愿意和盟军合作。由于达尔朗是维希部队总司令，而吉罗手下无一兵一卒，因此抛弃吉罗而代之以达尔朗，对艾森豪威尔来说是

走进科学的殿堂

很吸引人的。但是,达尔朗诡诈多端,名声很臭,不可轻信。经过反复考虑,艾森豪威尔暂时决定任命吉罗为整个法属北非的总督来掌握"微妙的局势"。

艾森豪威尔

在美国情报机关的协助下,吉罗渡海到达阿尔及利亚。英美部队在北非登陆后,吉罗被任命为法军司令。1942年12月24日,美国海军上将让·弗朗索瓦·达兰在阿尔及尔被暗杀,吉罗将军立即被提名接任法属非洲高级专员。

1942年12月27日,罗专被任命为法国在北非的军事和行政当局首脑。他利用美国政界的支持,同戴高乐争夺北非政权机关的领导地位。

在1943年1月14日开始的卡萨布兰卡会议上,尽管美英战略家可能在一些问题上有分歧,但美国总统罗斯福和英国首相丘吉尔把轴心国作为战争目标的看法却是一致的。丘吉尔说服罗斯福,要让自由法国运动领袖夏尔·戴高乐将军参加卡萨布兰卡会议,而罗斯福则认为吉罗将军代表法国出席会议更合适。戴高乐对此大为不满,因为吉罗将军和法国维希政府保持联系。为此,丘吉尔做了大量工作,当他把戴高乐说服后,他得意地对罗斯福说:"我把新娘请到了。"

经英、美从中斡旋,戴高乐与吉罗这两位法国将军终于同意联手抗德。戴高乐与吉罗在卡萨布兰卡会面了。然而,事后证明,戴高乐和吉

将军的摇篮——圣西尔军事专科学校

罗是不可能走到一起的。

1943年6月，戴高乐将军抵达法属北非首府阿尔及尔，与美国支持的吉罗将军共同担任新成立的法兰西民族解放委员会主席。

戴高乐与法国将军吉罗（右）

1943年7月法兰西民族解放委员会成立时，吉罗和戴高乐任该委员会的两主席。由于同戴高乐的分歧和被控与"维希"政府有秘密联系，1943年11月，吉罗将军辞去法兰西民族解放委员会主席之职，专任法国部队总司令，由戴高乐将军单独主持法兰西全国解放委员会工

走进科学的殿堂

作。吉罗将军留任法兰西民族解放委员会武装部队司令至1944年4月。

1944年4月9日，在阿尔及尔，戴高乐将军被任命为自由法国军队的总司令，取代了自1942年起一直担任此职的吉罗将军。吉罗自称，撤掉他的职务是不合法的，并且对他的新任检察长头衔嗤之以鼻。

1944年至1948年，吉罗将军任法国最高国防委员会副主席。1949年去世。

元帅的摇篮

将军的苗圃——圣西尔军事专科学校

"一生献给祖国"

阿尔方斯·朱安（1888—1967年），两次世界大战的参加者，法国元帅，法国远征军总司令、法军总参谋长。

朱安元帅，1888年12月16日出生在阿尔及利亚东北部波尼（今安纳巴）附近的祖父家里。父亲是君士坦丁省的警察，母亲是法国科西嘉岛人，家境比较贫寒。在这种家庭环境的熏陶下，朱安从小养成了沉着稳重、吃苦耐劳和办事认真的性格，具有强烈的责任心和荣誉感。朱安13岁时便升入君士坦丁的一所省立中学，毕业后又以优异成绩考入首府阿尔及尔的一所著名公立学院，而朱安所在的班级则被人誉为"准圣西尔班"。1909年，朱安考进法国著名的圣西尔军校，其入考成绩在400名考生中名列第七。

1912年6月，朱安从圣西尔军校毕业，被分到阿尔及利亚第1步兵团任职。此时该团正在摩洛哥执行作战任务，刚到职的朱安在这里初

阿尔方斯·朱安

元帅的摇篮

95

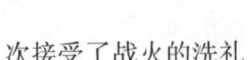

次接受了战火的洗礼。

1914年，第一次世界大战爆发后，朱安于8月被调到法国本土，任中尉排长。9月5日，朱安所在旅开往前线。战斗中，朱安率部不怕牺牲，英勇作战。16日，朱安被一块弹片击伤左手，因此而获得一枚荣誉军功章。1915年5月，朱安在战斗中又伤及右臂，这次较上次厉害，不得已而住进波尔多医院。伤愈后，朱安于1916年4月回到摩洛哥首都拉巴特附近的后勤基地，晋升为上尉。不久以后，朱安又被在当地任职的利奥泰将军看中，充任副官。后来，朱安被选送到参谋学院进修，学完课程后即到美国远征军部队担任联络官。

元帅的摇篮

阿尔方斯·朱安

1919年10月，朱安再次到高等参谋学院学习，1912年拿到毕业证书后，先后到突尼斯和摩洛哥的部队中任职。1925年，在法军镇压摩洛哥里夫人民大起义中，当地法军指挥官诺盖将军任命朱安为他的参谋长。

1927年，朱安重新回到曾服役过的阿尔及尔步兵团任营长。1932年7月，晋升为中校。1933年10月，朱安被选调到法国高等军事学院担任战术教官。在这里，朱安不因袭传统的现成答案，从实际出发，与学员大胆探讨新课题，并勇于撷取新思想，汲收新方法，受到学校和学员的好评。1935年至1937年，朱安又到阿尔及利亚，领导君士坦丁的朱阿夫第3步兵团。1937年3月10日，北非战区司令诺盖将军把朱安调到身边，任参谋长。1938年12月26日，朱安晋升为准将。

将军的苗圃——圣西尔军事专科学校

第二次世界大战全面爆发后，法国宣布与德国处于战争状态。为加强法国东北部的防御，朱安遂于1939年12月4日被调回法国本土，出任法国第1军第15摩托化步兵师师长。1940年5月10日，德军入侵卢、比、荷、法四国，朱安奉命率部到比利时的让布卢，抗击德军的进攻。当德军突破色当防线后，朱安率部撤到法国的瓦朗谢纳附近地域，担任掩护英法联军撤往敦刻尔克的作战任务。不久，朱安的部队又撤至里尔南郊，在此被德军包围。5月30日，朱安做了德军的俘虏。朱安的部队虽被德军打败，但他们的英勇作战行动还是为法国人所称道，他的部队荣获"战斗功臣"殊荣，朱安本人也于1941年2月被提升为少将。

阿尔方斯·朱安

朱安被俘后，关押在德国柯尼希施泰因监狱。1941年6月，经魏刚将军以法国北非政府总代表的身份与德国人斡旋，朱安才被德军释放。

朱安与士兵在一起

元帅的摇篮

走进科学的殿堂

1941年4月11日，朱安晋升为中将，不久受命接替魏刚的工作，担任法国驻北非陆军总司令。接任此职后，朱安扩充兵员，隐藏装备，"训练非洲军队，以用来参加未来反对轴心国的作战"。在朱安的努力下，截至1942年11月，法国在非洲的部队有5个机动师（其中阿尔及利亚有3个师，摩洛哥有2个师）和1个轻型机械化旅，共20万人。这些部队装备齐全，并在突尼斯山区设有秘密的后勤基地，战场准备也搞不错。

1942年11月7日至8日夜间，英美盟军执行"火炬"行动计划，在北非登陆。正式登陆前，盟军司令部就在直布罗陀与吉罗将军商妥，

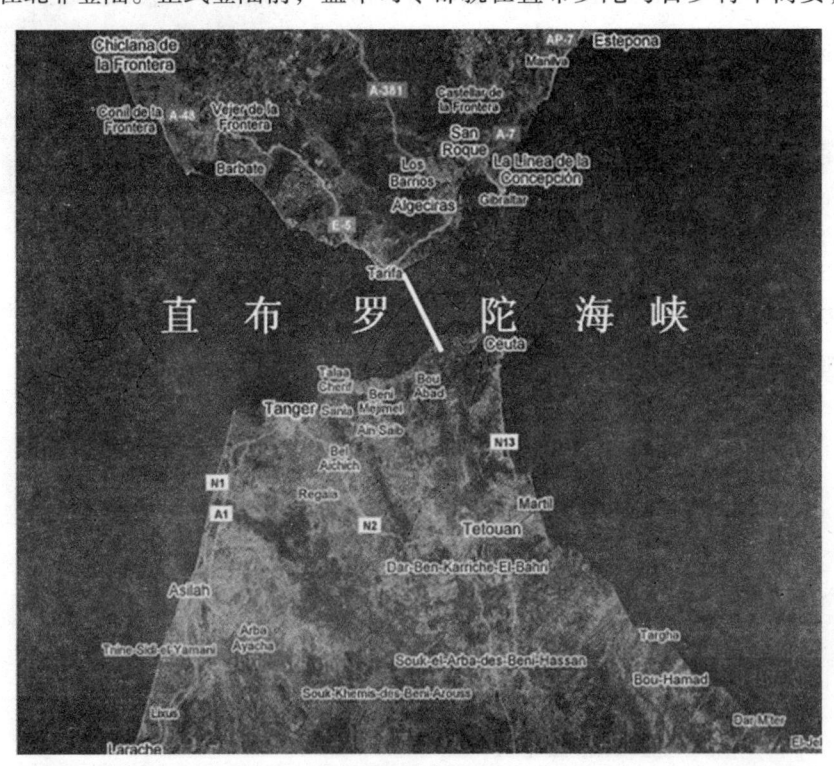

直布罗陀海峡

将军的苗圃——圣西尔军事专科学校

希望通过这位从德国柯尼希施泰因监狱逃出来（美国从中做了一些努力）的法国将军对北非法军施加影响，确保不发生抗击"一切来犯之敌"的战斗。对此，朱安一无所知，这样就出现了北非法军与盟军登陆部队交战的场面。后来经过疏通关系，朱安很快就明白过来，遂命令自己的部队停火。1942年11月至1943年5月，朱安率法国特遣部队与盟军一起参加突尼斯战役，并赢得了胜利。1942年12月25日，朱安晋升为上将。

1943年6月，盟军司令部决定在地中海开辟新的战场，登陆西西里岛，把战火烧到意大利。8月，朱安奉戴高乐将军之命负责组建法国登陆部队（1944年1月正式称为法国远征军），准备与盟军一道登陆意大利。9月29日，朱安作为法国登陆部队总司令率部到了索伦托，被编入美国第5集团军。11月25日，朱安率部攻到那不勒斯（今那波利），并于1944年1月至5月参加了进攻"古斯塔夫防线"的著名战役。其间，盟军曾多次试图突破德军防线，前进到波河河谷，把德军赶到罗马以北，但均未成功，整个意大利战场在"古斯塔夫防线"前一度出现僵持局面。而作为法国远征军总司令的朱安，曾数次向盟军司令部提出自己的作战方案，均未被采纳。但朱安并不因此气馁而放弃自己的正确主张。朱安抱着洗刷法军在1940年6月被打败的耻辱，为法国争光的信念，再次进言盟军司令部，声称："我再也不能随便受领一项既有缺陷而又要做得出色的计划。"后来，他终于成功地说服美国第5集团军司令克拉克接受他的山地机动作战主张。自5月13日起，朱安率部按照自己的计划实施山地穿插迂回，从而达到了战术上的突然性，为盟军最终打破"古斯塔夫防线"对峙僵局，为扫清通往罗马的道路，做出了一定的贡献。这一仗也可以说是自法军被战败后首次挽回面子、

元帅的摇篮

走进科学的殿堂

扭转盟军对法国看法的关键性一役。

  1944年6月6日，盟军在诺曼底登陆开辟第二战场以后，法国国内面临的军事问题更加复杂。所以在7月底，戴高乐将军免去朱安的法国远征军总司令职务，并于8月12日任命他为法国国防部总参谋长，全盘负责法军的工作。在这个重要岗位上，朱安充分发挥了自己的指挥才能，成绩斐然，这可以理解为朱安于1944年至1945年间多次荣获军功章的重要原因。

诺曼底登陆

  从此以后，朱安与戴高乐将军接触甚多。无论是在戴高乐任法国临时政府首脑时期，还是在戴高乐下野以后，朱安一直是戴高乐最难得的合作伙伴。

将军的苗圃——圣西尔军事专科学校

　　1947年至1951年，朱安任法属摩洛哥总督。1950年12月，根据北约欧洲盟军最高司令艾森豪威尔的提议，朱安出任中欧战区盟军司令，任期为5年。1952年5月7日，朱安晋升为法国元帅。

　　1967年1月27日，朱安不幸病故，享年79岁。2月1日，法国为这位"一生献给祖国"的伟大战士举行了隆重的国葬。

元帅的摇篮

走进科学的殿堂

魏刚将军

元帅的摇篮

马克西姆·魏刚将军（1867—1965年），二战期间法国将军。

魏刚将军1867年出生，毕业于圣西尔军校，1917年任法国最高军事委员会委员，1918年任法国最高统帅部参谋长。1920年至1922年，魏刚将军任法国驻波兰军事使团团长，负责波军训练和后勤供应。1923年任驻叙利亚和黎巴嫩首席军事顾问。1930年至1935年任军事研究中心主任、总参谋长、最高军事委员会副主席、陆军总监。1935年退出现役。1937年参加了僧帽党党徒法西斯活动。1939年恢复军职，被任命为驻叙利亚和黎巴嫩法军总司令。

马克西姆·魏刚

1940年5月19日，因法、英、比联军节节失利，损失惨重，甘末林将

将军的苗圃——圣西尔军事专科学校

军被撤销职务之后，魏刚将军接替甘末林被任命为国防部参谋总长和法国战区盟军总司令，指挥三军与德军决战。

毕业于圣西尔军校的魏刚将军雄心勃勃，一上任就很快集中了100万法国军队，试图凭借索姆河天险建立一道"索姆防线"，阻止德军南下，让法军有喘息的机会组织反击。

对魏刚这次任命将在未来的几周里产生巨大的恶果，但不管怎样，眼下对甘末林预定的对德反攻却产生了灾难性的后果。因为魏刚想要对乔治将军充分实行其权威，并在作出一切决定之前都要巡视主要指挥部，以便实地了解形势，人们知道由此而来的结果。虽然魏刚像其前任甘末林一样，看到了德军所走"通道"的脆弱性。但他在5月20日就职的那天却不想下达反攻的命令。5月21日，魏刚乘飞机到法国北方，下午1时左右晋见了比利时国王。后来，他又见了集团军司令比约特将军，建议比约特全力以赴，攻打阿腊斯—康布雷一线，从表面上看，他并未考虑到此时正在同一个战区的军事行动。魏刚还建议在进攻中尽量多使用英国师，凡是参战的英国师所留下的地方，都用业已经过考验的比利时师和法国师来接替，这样一来还会进一步推迟进攻时间。英国远征军司令戈特将军之所以没有出席这些讨论，要么是因为他对参加讨论不大热情，要么是因为被这天英军的行动困难缠身。人们最后同戈特将军会合，他在当晚8时抵达伊普尔，但魏刚不等戈特抵达就出发了。后来魏刚解释说，他对人们报告他的敌军对加莱机场的轰炸印象深刻。实际上德军的轰炸并未发生，魏刚是在下午决定从海上返回巴黎的。因此，他不同戈特会晤，在下午5时至6时间动身，乘坐"花神号"，取道杜福尔，然后由于害怕勒阿弗尔港口外布下的水雷，就直接驶向瑟堡。第二天凌晨5时，总司令魏刚抵达瑟堡，然后乘内燃轨道车回到了

元帅的摇篮

103

走进科学的殿堂

巴黎。

勒阿弗尔港

从甘末林起草其第 12 号令以来，已经过去了 3 天，但魏刚没有作出任何决定。不过，对德军的攻势来说，5 月 20 日是最危急的一天。甘末林原定的反攻恰恰是从 20 日这天开始，或者至少是在这天初见端倪，为此戴高乐曾要求增援两个师。在冯·克莱斯特的德国装甲集团军进军、直到法国北方海滨时，在亚眠、圣康坦和佩龙三地连接该装甲集团军同冯·龙德施泰特的集团军主力的通道几乎变成了真空。希特勒清醒地看到德军所遇到的危险，便敦促陆军参谋部要求步兵师尽量紧跟装甲师。5 月 22 日，在德军装甲部队后面跟随的，还只有三个摩托步兵师和两个普通师。23 日，德国人的形势明显改善。24 日，通道地区得到了很大的巩固。因此，只有在 5 月 19 日至 23 日之间，盟国的反攻才

帅的摇篮

会有真正的成功机遇。

然而，这些成功的机遇被浪费了。不过，5月21日，比约特和戈特不等魏刚的到来，相信甘末林在第12号令中下达的指示，尽管甘末林的指示还没有得到证实。因而在阿腊斯以南，向康布雷发动了反攻，使隆美尔率领的师在当天下午陷入困境长达数小时之久。第二天，在莫里尼埃将军率领的援军的支持下，比约特他们重新发动了进攻，但在预报德军增援部队抵达的消息之后，根据最高层的命令停止了反攻。

希特勒

后来，冯·龙德施泰特承认，在他看来，任何反击的威胁都没有像这次那么"严重"。但在23日，德军已经抵达，发动进攻，从西部和东北部迂回包抄阿腊斯，以致法国人和英国人被迫在24日撤离阿腊斯。在原先法英两国军队还在坚守的防区中，那个东南角突出部分已不复存在，事实很明朗，已不再有一个向南方发动攻势的出发基地。至于法军应从索姆省和安省开始、从南往北进行的攻势，需要增援部队，而这些援兵只能从部署在马其诺防线后面的一些师里抽调出来。然而，在5月20日至23日这四天中，没有下达要求抽调这些部队来攻打德军"通道"的任何命令。只是到了5月24日，当盟国已经失去其一切反攻的

走进科学的殿堂

机遇时,人们才"要求"东部集团军司令普雷特拉特将军从上述部队中抽调部分兵力,向安省前线转移,而这种要求不是通过下达明确的命令,而是通过建议普雷特拉特"相信防御工事",并以绝望的基调求助于他的"义务感和全体将士的牺牲精神"。

索姆河战役

于是便在索姆河和埃纳河一线仓促构筑"魏刚防线",准备据险防守,阻止德军南下。1940年6月3日,德国空军向法国的机场和后方实行密集突击,摧毁法军飞机约900余架,夺取了制空权。6月5日拂晓,德军以143个师的兵力,对"魏刚防线"发动大规模进攻,开始了法兰西战役的第二阶段。德军仅用3天时间就突破"魏刚防线",进攻矛头直指巴黎。

巴黎的失守,使马克西姆·魏刚将军寻求停战的压力增加了。但眼下这位将军为了维护自己的声誉,把责任推给了文官政府。

将军的苗圃——圣西尔军事专科学校

德军进入巴黎

1940年7月至9月，魏刚将军出任维希政府国防部长，后任该政府驻法属非洲总督。1942年11月，魏刚被德国法西斯当局逮捕，囚禁在集中营，直到1945年。释放后回到法国，被交付军事法庭审判，1948年被宣布无罪，1965年去世。

走进科学的殿堂

"玩命的法国人"德斯佩雷

路易斯·弗朗谢·德斯佩雷（1856—1942年），全名为路易斯·费利克斯·马涅·弗朗索瓦·弗朗谢·德斯佩雷，法国陆军元帅，俄罗斯南部地区法国占领军司令，驻土耳其协约国军司令。

一次世界大战期间，德斯佩雷是法国陆军很活跃的一位野战指挥官，前后在西线和巴尔干半岛指挥过战斗，精力充沛，而且魄力十足，绰号"玩命的法国人"。他不是一个谦虚并愿意听取下级意见的人，有时候他严厉、专横，并且盛气凌人。

他的军事生涯里常常混杂着很多的运气，而且起伏转折和英国将军埃德蒙·艾伦比爵士很相似。

德斯佩雷元帅1856年5月25日出生于法国阿尔及利亚的穆斯塔法奈姆，中学毕业后进入圣西尔军校学习。1876年，20岁的德斯佩雷在413名毕业生中以第六名成绩毕业，后进入战争学院深造。

从战争学院毕业后，德斯佩雷在阿

路易斯·弗朗谢·德斯佩雷

元帅的摇篮

将军的苗圃——圣西尔军事专科学校

尔及利亚、突尼斯和东京服役，他是推行侵略政策的积极拥护者。1885—1886年，他参加过印度支那殖民战争。1900年7月至1901年5月，德斯佩雷在中国北部任职，参加了镇压中国义和团运动。1908年晋升为旅长，1912年晋升为师长。他还参加了1912—1913年的摩洛哥殖民战争。

镇压义和团运动

1913年下半年，德斯佩雷返回法国，出任驻扎在里尔第一军的指挥官，隶属于由朗内扎克将军指挥的第五集团军。第一次世界大战爆发后，德斯佩雷参加了1914年法国和比利时之间的边界交战，他在边界交战中脱颖而出。1914年8月21日—23日间在沙勒罗瓦率部发起反

走进科学的殿堂

攻，8月25日，他指挥部队在马里恩堡的战斗中突破德军封锁，成功地护卫了撤退中的第五集团军右翼，粉碎了施利芬计划。特别是他8月29日在吉斯实施的作战尤为令人称道，为随后的"马恩河奇迹"奠定了基础。在朗内扎克，由于不思进取的表现被霞飞解职以后，德斯佩雷于9月3日被提升为第五集团军军长。

1914年9月，德斯佩雷领导第五集团军参加了具有决定意义的第一次马恩河会战，他的指挥积极而坚定。德斯佩雷和驻法英军协调指挥，成功地维持了在马恩河的战线。他将自己的前沿延伸到50公里，这极大地帮助了英国军队。9月5日—9日，他在小莫兰河（沙托蒂耶里附近）取得了决定性的胜利。

1916年3月，德斯佩雷被提升为东集团军群司令。1916年12月，约瑟夫·霞飞在被授予元帅军衔之后，这位著名的指挥官被巧妙地剥夺了军队指挥权。弗朗谢·德斯佩雷的名字曾被作为继任者出现在候选名单上，但德斯佩雷是一个坚定的罗马天主教徒，这在法国军队中是格格不入的，于是最终法军总司令的职位落到了罗伯特·尼维尔的头上。

1917年德斯佩雷任驻香槟的北集团军群司令。1917年10月，他在马尔迈松成功地指挥了有限攻势。像他的老上司霞飞一样，德斯佩雷是主张进攻作战的坚定支持者，这使得他在1918年德军如潮水的攻势前，公然违抗所谓的弹性"深度防御"命令。结果在德国人1918年5月27日至6月4日期间发动的第六次攻势（即第三次埃纳河战役）中，德斯佩雷的部队被击退，鲁登道夫取得了完胜。德斯佩雷因此受到了很多的指责，并在不久后被解除了职务。

就像艾伦比从西线左迁至巴勒斯坦一样，德斯佩雷把这次灾难转变成个人事业的成功。6月下旬，他前往马其顿取代吉约马将军任该地协

元帅的摇篮

将军的苗圃——圣西尔军事专科学校

约国军司令。德斯佩雷大胆而周密地扩展了前任指挥官的攻势计划,在7至8月间将部队集中在瓦尔达尔河以西狭窄的索科尔—多巴斯波利亚战线上。

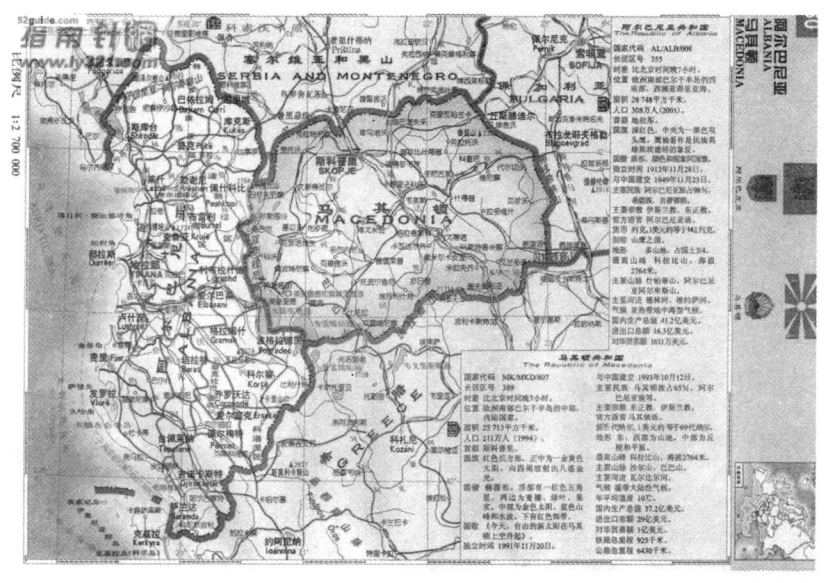

马其顿版图

这导致协约国军于1918年9月15日至17日期间展开的进攻,在瓦尔达尔附近取得了压倒性的胜利,这一战果迫使保加利亚在9月29日要求停战。随后在解放塞尔维亚的战斗中,他热心地对剩余的塞尔维亚部队加以协助,这让他很快就在11月1日解放了贝尔格莱德。

这些感激的塞尔维亚人迅速投入到萨瓦河和多瑙河一线进行作战,迫使匈牙利在11月4日投降。到11月11日为止,协约国军以破竹之势占领了保加利亚、塞尔维亚、匈牙利和阿尔巴尼亚,几乎兵不血刃。

德斯佩雷是一位脾气暴躁,精力充沛和非常自信的将军。马恩河战役中他在小莫兰河大胆的夜间进攻促使了德军的失败,他的献身和攻势精神起到榜样作用，促使谨慎的英国远征军争取了攻势行动。

停战之后，德斯佩雷继续指挥巴尔干的协约国军。1919年1月5日他在匈牙利俘获德国陆军元帅马肯森。1919年3—4月，他出任俄罗斯南部地区法国占领军司令。1920年11月，他任驻土耳其协约国军司令。

路易斯·弗朗谢·德斯佩雷

1921年2月德斯佩雷回国，后不久被授予元帅，并被选为最高军事委员会的成员。1931年5月，在勘察连接突尼斯和摩洛哥的路线时，遇车祸受重伤。1934年11月，德斯佩雷被选为法兰西学院院士。1942年7月8日，德斯佩雷卒于阿尔比。1947年10月其遗体被转葬拿破仑墓附近。

德斯佩雷撰有许多关于法国陆海军历史的著作。

将军的苗圃——圣西尔军事专科学校

贝当元帅

亨利·菲利普·贝当（1856—1951年），法国元帅、政治家。维希政府的首脑，法兰西民族的罪人。

1856年4月24日，贝当出生在法国加来海峡省考奇拉退尔小镇的农民家庭。早年丧母，由外祖母和舅舅抚养。贝当从小立志从军，他在当地读完了小学和中学。

贝当20岁时考进圣西尔军校，毕业后以少尉军衔在阿尔卑斯山服役。1888年，贝当进入法国军事学院深造。从1900年起，贝当先在国家射击学校任教官，后来又在军事学院担任步兵战术学助教。到第一次世界大战前夕，贝当已是驻阿腊斯的一个步兵团的上校团长。

1914年，第一次世界大战爆发。贝当在马恩河战役中脱颖而出，很快晋升为少将、中将和上将，先后担任第6师师长、第33军军长和第2集团军司令。

贝　当

元帅的摇篮

走进科学的殿堂

1916年，贝当因凡尔登战役的胜利而成为名噪一时的英雄。1917年5月，贝当取代尼韦尔上将担任法军总司令。针对士兵中日益增长的反战情绪和层出不穷的逃亡哗变事件，贝当采取镇压和怀柔的两面手法进行整顿。

1918年11月，贝当晋升元帅。战后，贝当先后担任最高军事委员会副主席、陆军总监和防空总监等职。1934年2月，贝当出任杜梅格内阁的陆军部长，涉足政界。任职期间，贝当没有把握时机有效地提高法军的作战能力。1939至1940年，贝当出任法国驻西班牙大使。

1940年5月，德军开始进攻法国，作为永久性防御工事的马其诺防线不攻自破。先后由莫里斯·甘末林和马克西姆·魏刚指挥的法军节节败退，国内政局混乱。保罗·罗诺总理为控制局势，建立最广泛的民族团结，罗致了国内的各种力量，贝当也应召回国出任内阁副总理，成为主和派的领袖。

马其诺防线遗址

是继续作战还是通过求和结束战争，在这个问题上，主和派同主战派各不相让。最后，贝当向内阁宣读了一份备忘录，排除了在法国本土以外继续战斗的任何想法，而在本土以内他又坚信法国业已战败，剩下的只有设法缔结一项体面的和约。贝当以一种无可奈何的口吻说，法国的复兴不可能通过军事上的胜利来取得，而应是"祖国及其子孙承受苦难"的结果。

元帅的摇篮

将军的摇篮——圣西尔军事专科学校

停战并不是对战败的惩罚,而是一个新的开端,即"保证不朽的法兰西永世长存的一个必要的条件"。贝当甚至以辞职相威胁。

1940年6月16日晚,在迫不得已情况下,雷诺辞去总理职务,贝当奉阿尔贝·勒布伦总统之命组阁,随即请求西班牙政府充当法国与德国谈判的中间人。次日,贝当下令法军停火,这就等于承认放弃战斗,从而使法国在同德国谈判停战与议和条件时,处于极为不利的地位。6月22日,经贝当同意,法德停战协定被迫在第一次世界大战结束时的法德(当时法国是战胜国)"停战车厢"里正式签字,法国(此时的法国却成了战败国)被迫接受苛刻屈辱的停战条件。法国分为两部分,包括巴黎在内的3/5的国土(主要是北方工业区)归德军占领,占领军的费用由法国负担。南部和西部(主要是农业区)为自由区;法国的空军、陆军裁到10万人;最重要的是,贝当政府必须在政治、经济、

元帅的摇篮

法德在停战车厢签署协议

外交等各个领域与德国"合作"。

1940年7月1日，贝当政府迁到维希。10日，国民议会以569票赞成80票反对通过决议，授予贝当制定新宪法的全权。此后，贝当领导下的法国称为"维希法国"。贝当被授予"国家元首"的称号，并兼任总理，拥有召开国民议会、制定行政立法、指挥军队、任命或撤换部长等多种权力，这几乎比路易十四的权力还要大。当时在政府公报上发表的许多条例，都是以君主政体的格式开始的："本人，菲利普·贝当，以法国元帅、国家元首名义宣布，云云。"这位80多岁的老人为往昔的声名所累，一时得到了许多法国人的支持。其实在政治经验方面，贝当是初出茅庐，很不成熟。贝当不是一个政治家，只得请皮埃尔·赖伐尔作为代理人。维希政权的第一时期

贝 当

从1940年7月10日至12月13日，可称为贝当—赖伐尔时期。

1940年10月24日，贝当和希特勒在都兰的蒙都瓦的列车车厢里进行会谈。此后，贝当声称，为了法国的"荣誉和尊严"，法国必须寻求对德合作政策。从此，"合作"两字就像标签一样，烙在贝当的身上。应该指出，贝当碍于体面，和德国人的合作多少有些羞羞答答，不时使出他惯用的两面手法。1940年12月13日，当他和赖伐尔赤裸裸的亲德卖国行为发生严重的意见分歧时，贝当下令拘留他的"皇太子"（制宪法令规定，在贝当元帅去世后，由赖伐尔继任），并且派一支可靠的队

将军的苗圃——圣西尔军事专科学校

伍把赖伐尔护送到他的私人住所里去。对于这个相当令人吃惊的事件，德国当局并不知道。于是，从1940年12月13日至1942年4月18日，开始了维希政权的第二时期，称为贝当—达尔朗时期。

但赖伐尔在德国人的支持下，于1942年4月19日重新执政，开始了维希政权的第三时期。这时又颁布了新的制宪法令："法国对内和对外政策的实际领导权，全部授予政府首脑（即赖伐尔），政府首脑由国家元首任命，并直接对国家元首负责。"实际上把贝当变成壁炉台上的一件小摆设。

1942年11月美军在北非登陆后，贝当命令在阿尔及利亚的达尔朗与盟军配合作战，同时又发布电文抗议盟军登陆。法国人在阿尔及尔的抵抗是象征性的，事实上已经向盟军打开了北非大门。德国人因此认为停战条款已经不起作用，因此于11月11日出兵占领了法国南部地区，维希也变成德国人公开当家做主的地方了。从此之后，贝当完全成为傀儡，但仍然执迷不悟。1944年6月，盟军在诺曼底登陆之时，贝当还在广播中号召法国人民遵守秩序与纪律，服从德军在作战地区的任何指示。1944年8月，戴高乐解放巴黎，贝当才悄悄烧毁自己的私人文件，派特使前往联络，准备和平移交权力，但遭到了戴高乐的拒绝。

1944年8月20日，贝当等人被德国人从维希带到洛克马林根的霍恩佐伦一座古老的城堡里软禁起来，他的政治生涯就这样奇特地结束了。

1945年4月，法国解放以后，贝当回国自首，接受审判。1945年8月14日，贝当元帅因犯通敌罪被判死刑。由于他的高龄（这位前维希政府头目已89岁），陪审团希望死刑缓期执行。判决命令没收贝当的一切财产，并且宣布他是"民族的败类"。此外，法庭还认定他犯有"误

元帅的摇篮

走进科学的殿堂

贝当（前排左一）

人罪"。过去，许多正派的公民因为他过去是英雄而信任他，结果被引入歧途，许多人把贝当作"凡尔登的救世主"来顶礼膜拜。

被告贝当的律师警告说，当国家需要统一时，这种判决将会分裂国家。律师最后向沉默的法庭呼吁，如果贝当被处死，贝当苍白的面容就会永远留存在你们的记忆之中，而且法国人民也会捶胸感到痛心。后经戴高乐将军特赦才改判无期徒刑，被囚禁在大西洋上的比斯开湾中的耶岛。

1951年7月31日，贝当死于囚禁地耶岛。这个曾是法国英雄和元帅的法国罪人，就这样结束了自己不光彩的一生。

将军的苗圃——圣西尔军事专科学校

加利埃尼元帅

约瑟夫·西蒙·加利埃尼元帅（1849年4月24日—1916年5月27日），法国伟大的将领，元帅。

"作为一名指挥员，最重要的一点是冷静。"人们还记得，加利埃

元帅的摇篮

普法战争

尼元帅打仗时，下完命令后就去看书。"我该做的都做完了，我等着新

走进科学的殿堂

情况,我一边等,一边想别的事。"这是一种很好的清醒脑筋、保持冷静的办法。

加利埃尼元帅年轻时曾参与过普法战争,后在法国各殖民地,包括法属西非、马提尼克岛、法属苏丹等地担任军事将领。1914 年退役,但因第一次世界大战爆发,他再度被征召,临危受命当巴黎卫戍司令。加利埃尼元帅参与了马恩河战役,但为当时统帅霞飞所忌惮,而不使之有机会参与决策,但他所发动的对德国第 1 军的攻击,成为该战役获胜的关键之一。

元帅的摇篮

德军向巴黎逼近,势如破竹,英法联军不断向后撤退。1914 年 9 月 2 日,在德军进攻的压力下,巴黎的法国政府官员们匆匆忙忙地收拾行装,踏上了逃亡的道路,防守巴黎的任务交给了 65 岁的加利埃尼将军。这是法国的幸运,因为加利埃尼是一位富于想像力的战略家,他的无限精力使人看不出他的 65 岁年龄和衰退的健康(在早些时候,他担任过马达加斯加总督,霞飞在那里还是他的部下)。他向巴黎市民发表声明说:"共和国政府的成员已经离开巴黎,去给国防以新的推动。我受命保卫巴黎和抵抗入侵者,这个责任我将贯彻到底。"很快,士兵们开始在城里城外构筑堑壕路障。正当巴黎守军枕戈待旦之时,令他们没有想到的是,德军居然没有乘势攻入巴黎,而是调转方向去追击向巴黎东南方退却的法军了。

按照施利芬计划,处于最外侧的德国第一集团军,应该从西面包抄巴黎。但是被胜利冲昏头脑的第一集团军,为了追击法军,居然改变了行军方向,绕到了巴黎的东南部,孤军冒进,将自己的右翼暴露在了法军面前。9 月 3 日晚,一名法国飞行员发现了这一情况,敏感的加利埃尼将军意识到,这是一个绝好的取胜良机,于是他迅速向法国总司令霞

将军的苗圃——圣西尔军事专科学校

飞作了汇报。

霞飞出生于一个平民家庭，曾经参加过中法战争，1911年出任法军总司令，被称为"国家神经的镇静剂"，但有时他的慢性子，常常使那些需要迅速做出决定的人怒不可遏。

但这一次，霞飞很快接受了加利埃尼的建议。当德军渡过位于巴黎东南面的马恩河时，英法联军的主力按照部署已经退守在那里。为了增强马恩河防线的兵力，霞飞又与巴黎市政协调，迅速从巴黎市内

加利埃尼元帅

征调汽车，把巴黎的守卫部队火速运往前线。在巴黎的各个街区，警察拦住出租车，命令乘客下车。很快，他们就征用了700辆汽车。这些两汽缸的出租汽车星夜兼程，只用了两个来回，就输送了1个师的兵力。这也是战争史上第一次用汽车大规模运逆兵力。几小时内，一小支由士兵组成的队伍开始构筑堑壕和路障，并增援周围的炮台。

但是加利埃尼本人并不满足于仅仅防守巴黎。一位飞行员在9月3日晚些时候回来报告说，德军纵队正在改变他们的进军路线。第二天清晨，空中侦察和骑兵侦察都证实，德国人的确修改了他们从正面攻击巴黎的计划，已经转向首都郊外的东南郊。对地图作简短研究后，加利埃尼发现，德军的新路线提供了一个侧翼攻击的大好机会。他喊道，"我不敢相信有这样的事情，这太好了，使人不敢信以为真。"

当五个德国集团军逼近巴黎东南部时，同德国最高统帅部的时断时续的无线电联系突然中断了。除一起前进的第1集团军和第2集团军

元帅的摇篮

走进科学的殿堂

元帅的摇篮

加利埃尼元帅雕像

外,没有一个指挥官能准确地知道其他集团军的方位,现在毛奇改变史里芬计划不得不开始付出代价了。

将军的苗圃——圣西尔军事专科学校

加利埃尼将军在马恩河会战中掀起了法军反击的号角,德军在巴黎前面被他阻止住。自1870年以来德军的战无不胜的神话就是在巴黎,在马恩河畔被终止了,加利埃尼将军率部取得决定性的胜利。

加利埃尼将军在后来的作战中受伤,于1916年因手术感染,不幸去世,邱吉尔先生的回忆录里表露出了对这位杰出将领的深深同情。

1921年,加利埃尼将军被追封为法国元帅。

元帅的摇篮

走进科学的殿堂

康罗贝尔元帅

弗朗索瓦·塞尔坦·康罗贝尔元帅（1809—1895年），法国军人和政治人物，陆军元帅。

康罗贝尔

康罗贝尔1809年出生于法国，出身于军官世家，1835年毕业于法国圣西尔军校，随即便参加了北美殖民战争（1835—1849年）。1850年晋升为将军，被任命为路易·波拿巴·拿破仑的副官，参与了1851年12月2日的国家政变。

1853年克里木战争时期，康罗贝尔任师长。1854年9月至1855年5月为法国驻克里木远征军总司令，这是因为在阿尔马河之战中，法军司令圣阿尔诺元帅因健康状况欠佳，在此战之后几天去世，所以由资深的师长康罗贝尔将军继任，之后康罗贝尔又重

元帅的摇篮

将军的苗圃——圣西尔军事专科学校

任师长。

1854年9月20日,康罗贝尔刚上任就参加了塞瓦斯托波尔城的保

北美殖民战争

元帅的摇篮

走进科学的殿堂

卫战。当时，俄军在阿利马河畔失利后，在缅希科夫海军上将指挥下撤向塞瓦斯托波尔，尔后又撤向巴赫奇萨赖。塞瓦斯托波尔城防军（约7000人）和英法联军（6.7万人）在英国将军腊格伦和法国将军康罗贝尔指挥突击下，英法联军占领巴拉克拉瓦和卡梅申港口。

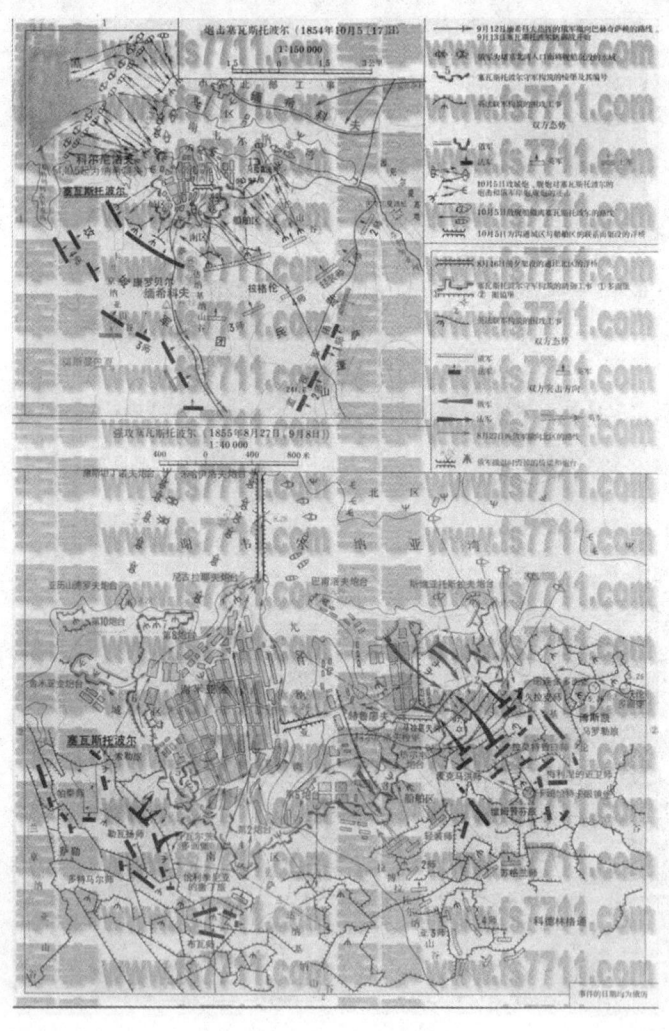

塞瓦斯托波尔战役

这一战一直持续到 1855 年 9 月份，以俄军失败而告终。在塞瓦斯托波尔防御中，联军伤亡约 7.3 万人（不包括病员和病死者），俄军伤亡约 10.2 万人。

1856 年 5 月 18 日，康罗贝尔将军被授予法国陆军元帅，1859 年起任军长。

在 1859 年奥意法战争中，康罗贝尔元帅参加了马坚塔和索耳非利诺交战。1870 年普法战争时，康罗贝尔指挥的军队在圣普里瓦战斗之后被迫撤到梅斯要塞，巴赞的军队在梅斯投降时，他也被俘。

战后，康罗贝尔由洛特省选入参议院；1871 年至 1876 年，康罗贝尔出任法国国民议会中波拿巴主义者的领袖。1895 年康罗贝尔去世。

走进科学的殿堂

塔西尼元帅

元帅的摇篮

让·德·拉特尔·德·塔西尼（1889—1952年），法国远征军总司令，法国元帅。德·塔西尼元帅1889年出生于法国，毕业于圣西尔军校。

1950年12月之后，法军屡遭失败，被迫转入战略防御。至此，法军已损失10万人，兵力严重不足，军事开支剧增，经济上已经捉襟见肘。12月6日，法国决定派法国三大名将之一，原西欧联盟陆军司令德·塔西尼，出任法国远征军总司令兼印度支那高级专员。在他指挥下，法军取得了一系列胜利。

塔西尼

1950年12月23日，美法签订《美法相互防卫协定》，美国在西贡建立美国军事顾问团，给予法国大量军需援助，企图挽回败局。在美国的援助下，德·塔西尼制订了"紧急绥靖"与猛烈反攻相结合的"塔西尼计划"：集中兵力，先"绥靖"占领区，后进攻解放区，以夺回战争主动权。他在占领区周围制造宽5～10公里的无人地带，同时以2300

128

将军的苗圃——圣西尔军事专科学校

个地堡为防御体系，巩固红河三角洲地区。此外，还大力扩充越南当地兵员、实现"以越制越、以战养战"。但法军一集中，就控制不住占领区。进攻解放区，占领土地，兵力又分散，陷入无法解决其侵略战争矛盾的困境之中。

大量的美援和暂时的胜利使法国给予印度支那联邦以独立的让步失去了紧迫感。1951年1月，一场大规模的攻击战在红河三角洲打响，法军由德·塔西尼亲自指挥。此仗可谓艰苦卓绝，势均力敌。

从1951年春季起，越人民军武装乘德·塔西尼集中兵力"绥靖"占领区之机，在中国军事顾问团的协助下，连续发动了中游、和平、西

红河三角洲

北等局部反攻战役，共歼法军4万余人，解放了拥有125万人口的国土。尤其是在1951年12月至1952年2月进行的和平战役中，击溃德·塔西尼调集的20个机动营的进攻，歼敌2.2万人，是1945年战争

元帅的摇篮

走进科学的殿堂

爆发以来越盟军歼敌最多的一次战役。

这次战役给法军以重大打击,法军面临军事和政治溃败的威胁。美国力图通过谈判解决朝鲜问题,使法国十分担心中国军队可能借机开进越南。于是,在1952年初,法国坚决要求美国提供额外的军事援助,要求美国为保卫东南亚做出集体安全的安排,还要求美国在中国军队进入越南的时候提供作战部队。但是,杜鲁门政府拒绝了法国关于建立集体安全的要求,并且决定在任何情况下也不派地面部队去印度支那。尽管美国曾经制订了大规模武装计划,但朝鲜战争不仅使美国力不从心,也使美国认识到在亚洲打一场地面战争的困难。艾奇逊指出:"在印度

元帅的摇篮

塔西尼

支那保卫印度支那将是无益的、错误的","我们绝不能再有一个朝鲜,我们不能把部队投入印度支那。"

1952年1月,在和平战役进行时,德-塔西尼在巴黎病死,乌尔·萨朗接替法国远征军总司令的职务,但败局已无法挽回。1953年8

将军的苗圃——圣西尔军事专科学校

月，法军被迫放弃越西北高原重要据点那产，转攻为守。至此，德·塔西尼的全面战争计划宣告破产，而越军则牢牢地控制着战争主动权。1953年5月，法国远征军总司令再次易人。

1952年，德·塔西尼在死后被追封为法国元帅。

元帅的摇篮

走进科学的殿堂

甘末林将军

莫里斯·居斯塔夫·甘末林（1872—1958年），曾任1939—1940年英法盟军的总司令。

莫里斯·甘末林，1872年出生，1893年毕业于圣西尔军校，1899年毕业于参谋学院。甘末林参加过第一次世界大战，曾任法国大本营作战处长、旅长、师长。1925年至1928年任驻叙利亚法军司令官兼副高级专员，曾指挥镇压叙利亚人民反抗法国殖民主义者的民族解放起义。

1931年，甘末林任陆军总参谋长。1935年兼任陆军高级军事委员会副主席。1938年任国防部总参谋长。

第二次世界大战开始时，甘末林于1939年9月3日出任法陆军总司令，兼英国远征军指挥。

英国远征军隶属加斯东·比约特将军指挥的法国第1集团军群，该集团军群的另外4个集团军是第1、第2、第7和第9法国集团军。比约特将军的顶头上司是东北战线司令雅克·乔治将军，

甘末林

元帅的摇篮

乔治将军则直接听命于盟军总司令莫里斯·甘末林将军。西线打响后，吉罗将军的第7集团军火速向北开赴荷兰的布雷达；英国远征军和布朗夏尔将军的第1集团军挥师指向卢万和那慕尔之间的代尔一线；科拉普将军的第9集团军向色当西北移动，部署在缪斯河西岸到那慕尔一线；左翼亨齐格将军的第2集团军占据了在色当迂回移动的关键位置，加强驻守该地的第10军。

1940年5月12日下午，古德里安的装甲部队已来到缪斯河上被炸毁的桥梁面前，准备在色当附近突破盟军缪斯阿防线。

此时，法国第9集团军的许多步兵和炮兵部队尚未抵达那慕尔下游，第2集团军第10军的3个步兵师仍在缪斯河后面的色当重新进行部署。但是，甘末林将军和乔治将军却没有惊慌之感。这些高级指挥官坚信，德国人要在沿河一线进行一次重大的进攻，至少要用一星期的时间来调集他们的炮兵和步兵。到那时，法军也将完成对付他们的准备工作。法国人仍然以第一次世界大战

甘末林

中的速度观念来思考问题。这不仅表明，法军最高统帅部认为它将有足够的时间来对付缪斯河一线的德国人，而且表明，尽管证据充分，他们

走进科学的殿堂

仍然认为决定性的战役不会在这里展开,而将在北面沿代尔河一线展开。

法军作战思想的迂腐为德军的快速挺进再次大开绿灯。5月12日下午,古德里安的上司布莱斯特将军即命令尚未站稳脚跟的德国第19装甲军于次日下午4时发起渡河攻势,企图再次以出其不意的战术夺取胜利。古德里安将军欣然同意,渡河攻击战的发展,几乎和演习一样准确无误。在德国飞机的不断攻击下,法国炮兵已完全瘫痪。法军沿缪斯河一线的混凝土工事都被德军火炮击毁,机关枪手也在德军火力的压制下抬不起头来。尽管攻击地形十分开阔,于德军不利,但其损失却异常轻微。

法军第2集团军没能在色当挡住敌军,而它的失败暴露了已经深陷困境的第9集团军侧翼,3天后,盟军在缪斯河战役中已无可挽回地输掉了。

随着第9集团军的被歼,第2集团军也只能守住色当以南的一小部分地区,德国人闯进巴黎或冲向大海的道路已打通。正如甘末林将军当时向惊得目瞪口呆的总理保罗·雷诺报告时所说,已经没有什么力量可以挡住德国人的去路了。

自从5月15日缪斯河战役失败以后,位于巴黎郊外万森城堡的甘末林将军的指挥部便逐步变得越来越瘫痪无力了。"我们的防线在色当已被突破,那里发生了临阵脱逃的事情……"乔治将军脸色苍白得可怕,话未说完便倒在椅子里啜泣起来。

惊慌的情绪从乔治将军的指挥部向甘末林的指挥部蔓延。甘末林外表镇静,实际上内心却十分恐惧。这位总司令意识到了形势的严重性。

"传我的命令,"甘末林被第9集团军不顾一切地溃逃的行为惹火

元帅的摇篮

将军的苗圃——圣西尔军事专科学校

了,"指挥员要竭尽全力维持纪律,振奋士气,以便使他属下的士兵保持良好的秩序。必要时可以强令他们服从。命令宪兵制止沿路逃跑的士兵!"

巴黎风光

万森指挥部里重新出现了一点生气,电话铃声、吆喝声、呼叫声、电传打字声乱成一片。

到傍晚时,甘末林指挥部一片惊慌失措,参谋长珀蒂邦上校命令将一门75毫米口径的大炮安放在院子里来阻挡敌人。军官们开始打点行装,公文柜里的文件被匆忙收拾一空,地图被从墙上揭下卷了起来。

甘末林将军在刚开战时的自信已荡然无存。他脸色忧郁,茫然若失,颇让人怜悯。他在参谋长和军械官之间踱来踱去,像是试图抓住一根救命稻草似的。谁也不敢走近他,每个人都明白,这场战争已经失败

元帅的摇篮

走进科学的殿堂

了。这场战争的失败，甘末林负有不可推卸的责任。

法西斯集中营

将军的苗圃——圣西尔军事专科学校

  1940年5月9日，为确保能将达拉第支持的军队最高统帅莫里斯·甘末林解职，法国总理保罗·里诺以辞职相要挟。于是，5月19日，甘末林将军被撤销职务并逮捕，魏刚将军接替甘末林被任命为国防部参谋总长和法国战区盟军总司令，指挥三军与德军决战。

  1942年甘末林交由贝当政府组织的法庭审判，贝当政府建立该法庭的目的，是为了宣判自己投降法西斯德国无罪。1943年甘末林被运往德国，关押在法西斯集中营，直到战争结束。战后，甘末林政治上再无积极作为。1946年至1947年间发表了回忆录，1958年甘末林去世。

元帅的摇篮

走进科学的殿堂

利奥泰元帅

元帅的摇篮

赫伯特·利奥泰

赫伯特·利奥泰元帅（1854—1934年），全名为路易·赫伯特·贡萨伏·利奥泰，法国政治家、军人、法国元帅。

利奥泰幼年时脊骨受过伤，但学习成绩很出色。1873年赫伯特·利奥泰考入法国圣西尔军校。利奥泰将军在第一次世界大战前后平定了法属摩洛哥，在摩洛哥建立了法国保护国制度。

一战之后，法国将军路易·利奥泰回到出生地，买房置地，安家落户。1921年，赫伯特·利奥泰晋升法国元帅。

将军的苗圃——圣西尔军事专科学校

瑞恩元帅

阿方斯·瑞恩，法国陆军元帅，驻北非法军总司令，驻突尼斯法军司令，法国远征意大利远征军军长。

瑞恩元帅1888年出生于法国，毕业于圣西尔军校和高等军校。其参加过第一次世界大战，1918年任法国驻美军的军事代表团成员。第

摩洛哥风光

元帅的摇篮

走进科学的殿堂

一次世界大战结束后，瑞恩在摩洛哥任指挥和参谋职务，1935年任步兵团长。1937年在最高军事委员会办公厅供职。1939年至1940年任步兵师长，被德军俘虏，但应维希政府的请求获释，并被任命为驻北非法军总司令。1942年11月英美军队在阿尔及利亚登陆后，瑞恩参加了"战斗的法兰西"运动，任驻突尼斯法军司令。1944年任法国远征意大利远征军军长，1947年至1956年任驻北非法军总司令，1951年至1956年任北大西洋条约组织驻中欧陆军司令。

元帅的摇篮

突尼斯风光

瑞恩是法兰西殖民帝国的拥护者，因而反对戴高乐关于阿尔及亚利问题的政策。1962年瑞恩元帅退休，1967年去世。

人文精英

将军的苗圃——圣西尔军事专科学校

"奥林匹克之父"——顾拜旦

皮埃尔·德·顾拜旦，法国教育家，近代奥林匹克运动创始人。

顾拜旦少年时代酷爱体育，对古希腊灿烂文化饶有兴趣。1896年创办现代奥运会，开始了体育活动家的生活。他担任国际奥委会主席之职长达27年之久，终生倡导奥林匹克精神，被誉为"奥林匹克之父"。1937年9月2日，当这颗伟大的心脏停止了跳动，全世界都为之动容。

顾拜旦1863年1月1日诞生于法国巴黎一个信仰天主教的贵族家庭。父亲夏尔·德·顾拜旦是个颇有名气的水彩画家，一个保皇派官僚；母亲玛丽也是贵族后裔，从事慈善事业，是一位虔诚的教徒。顾拜旦在家排行第四，是家中最小的一个孩子。顾拜旦从他父母处继承了大笔的遗产。

顾拜旦

从少年时代，顾拜旦就对体育有了广泛的兴趣，喜爱拳击、划船、

人文精英

击剑和骑马等项运动。他从小聪明伶俐、勤奋好学。入学以后，他很敬佩博学多才的修辞学老师卡龙神甫，因此对文史课程有浓厚的兴趣，并饶有兴味地涉猎了古希腊的灿烂文化。

1880年，顾拜旦中学毕业后，进入法国著名的圣西尔军校。但不久后就退学，随后进入法国巴黎政治学院。后又人法国巴黎大学法学院就读，获得了文学、科学和法学三个学位。

巴黎大学一景

为求深造，顾拜旦又前往英国留学。在那里，他潜心研究了英国教育史，撰写过有关18世纪英国儿童教育家汤姆士·阿诺特之教育思想的学术论文。阿诺特曾经说过：运动是青年自我教育的一种活动。这句名言在顾拜旦的心灵中，诱发起致力于体育教育的火花。当时，他还考查了英国教育和体育的现状，对那里学校的体育课、课外体育活动和经常性的郊游十分赞赏，希望在法国各学校中也能设置体育课，培养学生

将军的摇篮——圣西尔军事专科学校

集体主义思想和刻苦锻炼、强健体魄的精神。那时,他对法国在1870年的普法战争中失利深感痛心,希望通过改革教育,增强民众体质,来振兴法国。

在古希腊文化的熏陶和当时英国资产阶级教育的影响下,顾拜旦逐渐萌发了改革法国教育制度和倡导体育运动的思想。大学毕业后,顾拜旦没有听从其父母的规劝,涉足军界、法律界,毅然选择了从事教育和体育的道路。

回国后,顾拜旦陆续发表了《1870年后的法国史》、《教育制度的改革》、《运动的指导原理》、《运动心理之理想》、《英国与希腊回忆记》、《英国教育学》等一系列著作,提出了不少改革教育和发展体育的建议,引起了法国人民的注意,并产生了一定的国际影响。

1875年至1881年间,在欧洲考古工作者们的努力下,处于毁坏之中的、不朽的古代奥运会的遗址不断被挖掘出来了,而且每年都迅速地公布挖掘的结果。因此,顾拜旦同其他一些对奥林匹亚感兴趣的人士一样,都能及时、详细地倾听到公布的情况。对此,他提出了一个十分有价值的挖掘计划。当时他曾写道:"德国人发掘了奥林匹亚的遗址,可是法兰西为什么不能着手恢复她古代光荣的历史呢?"

为了实现自己的志向,顾拜旦西渡英吉利海峡,对英国体育运动开展的情况进行了考察。1887年,他作了《法国和英国中等教育制度对比》的报告,对英国将户外竞技游戏纳入教育的内容给予很高评价,主张在法国学生中也开展竞技游戏,并以体育为重点来改革教育。1888年5月,顾拜旦针对学生因学业过重而过分劳累的问题提出:"唯一解决的办法是让孩子们游戏。"当年,顾拜旦就任法国学校体育训练筹备委员会秘书长。翌年,在圣克莱的推动下,成立了"法国体育运动联合

人文精英

145

会"。同年，顾拜旦代表法国参加了在美国波士顿召开的体育训练大会。与会期间，他进一步了解了世界体育发展的动态，敏锐地感到近代体育的发展正在走向国际化，一批国际性的单项体育联合会组织相继成立。例如，1881年建立了"国际体操联合会"，1892年建立了"国际赛艇联合会"和"国际滑冰联合会"等，这些组织都为现代奥运会的诞生奠定了基础。

英吉利海峡

顾拜旦还设立了"皮埃尔·德·顾拜旦奖"，以表彰最优秀的运动员。高贵的出身和丰饶的财产在他实现理想的过程中一点一点被无私地运用出来。

为了进一步考察各国开展体育运动的情况，顾拜旦不辞辛劳地访问了欧洲一些国家。1890年，他生平第一次访问了奥林匹克运动的发源

将军的苗圃——圣西尔军事专科学校

地——希腊的奥林匹亚。当他看到古奥运会的遗址时,十分感慨,并产生了举办由各国参加的奥林匹克运动会的想法,想以此增进各国运动员之间的友谊,并终身为之奋斗。

这一年,顾拜旦受法国政府委托,负责调查、研究大学的体育工作,于是,他借此机会向世界上许多国家发出了体育状况调查表。通过调查,他发现国际上各个体育组织之间充满了矛盾和混乱,对立情绪十分严重,体育运动日趋商业化。因而使他意识到,可以凭借古希腊体育的历史经验和传统影响,来推进国际体育运动。同时,他深切地感到,应该尽快地以古代奥林匹克精神为指导,把现代奥运会创办起来,用"团结、友好、和平"的精神来指导比赛,以消除体育领域内存在着的种种混乱的不良倾向。于是,他便积极着手进行创办现代奥运会的工作。

奥运五环

1891年,顾拜旦改组了"尤利西蒙委员会"为"体育高级理事会"。同年他还创办了《体育评论》杂志,并以此为阵地,热情宣传他的体育主张。当时,顾拜旦的崇拜者狄东神甫创办了一个学术性的俱乐

走进科学的殿堂

部，提出了"更快、更高、更强"的口号。顾拜旦非常欣赏和赞同这个口号，以后便把它作为国际奥林匹克运动会的口号，因为它体现了人类永远向上、不断进取的精神。

1892年11月25日，顾拜旦在"法国体育联合会"成立三周年的纪念大会上，首次发表了题为《复兴奥林匹克》的演说，他第一次正式提出了恢复和创办现代奥运会的倡议。

为使这一倡议迅速得以实现，顾拜旦提议"法国体育联合会"发起和召集了一次由世界各国重要"体育联合会"代表参加的"国际性体育会议"，具体磋商复兴奥林

顾拜旦雕塑

匹克运动会的事宜。为此，成立了一个以顾拜旦为首，由英国、美国和法国社会知名人士组成的"筹委会"，事后，他又远涉重洋，奔赴英、美等国，进一步宣传复兴奥运会的主张。1893年，在他的推动下，在巴黎召开了国际性的体育协商会议，讨论创办现代奥林匹克运动会的问题。

经过顾拜旦及其同事们的多年努力和精心筹备，"恢复奥林匹克运动会代表大会"于1894年6月18日至24日在巴黎胜利召开，来自14个欧美国家的79名正式代表参加了会议。会议一致通过恢复奥林匹克运动的宪章，确定了现代奥运会的宗旨，并规定只允许业余运动员参加。为了筹办现代奥运会，还正式成立了奥运会的永久性领导机构——

将军的苗圃——圣西尔军事专科学校

国际奥林匹克委员会。希腊著名诗人泽·维凯拉斯被选为第一任主席，顾拜旦当选为秘书长。会议还决定，第一届现代奥运会于1896年4月在奥林匹克运动发祥地希腊举行。以后按照古奥运会的传统，每4年举行一次。

希腊风光

1894年10月，顾拜旦再次对奥林匹亚地区进行实地考察。为了节约资金和交通便利，他取消了在奥林匹亚举办运动会的打算，决定按古希腊风格，在雅典新造一个可容纳5000名观众的体育场，举办现代第一届奥林匹克运动会。经顾拜旦的多方奔走、积极努力，在希腊富商乔治·阿维罗夫资助下，首届奥运会于1896年4月5日在雅典胜利召开。

雅典奥运会后，顾拜旦当选第二任国际奥委会主席。

走进科学的殿堂

顾拜旦要求运动会能在世界各地举行，反对把希腊作为运动会的永久会址。他认为古代奥运会的光辉历史是希腊民族的，也是全人类的，只有使它在不同国家、不同地区广泛传播，成为国际性活动，才能使奥林匹克精神发扬光大，更具生命力。

为捍卫奥林匹克精神的纯洁性，1912年，顾拜旦在斯德哥尔摩奥运会期间，发表了他的名作《体育颂》。热情地讴歌了体育，抒发了他的奥林匹克理想。为此，他荣获了该届奥运会文学艺术比赛的金质奖章。

1913年，顾拜旦精心地为国际奥委会设计了会旗，即一面中间由蓝、黑、红、黄、绿五只彩色圆环相套接

顾拜旦

成白色无边旗。它象征着五大洲的团结，以及全世界运动员以公正、坦率的比赛和友好的精神在奥林匹克运动会上相聚。

"更快、更高、更强"的口号，也是由顾拜旦倡议并在大会上通过的。

此外，顾拜旦还在体育方面开拓了运动心理学的领域。他先后发表了《运动心理学试论》（1913年）和《竞技运动教育学》（1919年）等名作；还发表了有关运动分类的见解，为体育学术研究做出了自己的贡献。

从1896年至1925年，顾拜旦一直担任国际奥委会主席。负责该组织的领导工作。在他任职期间，国际奥委会成员由14个发展到40个。同时，在他的支持下，先后成立了20多个国际专项运动联合会。1924

年，他因年事已高，主动辞去担任28年之久的国际奥委会主席职务，但他被聘为终生名誉主席。

顾拜旦雕像

13年后（即1937年9月2日），顾拜旦因心脏病在洛桑与世长辞，终年74岁。遵照他生前的遗愿，顾拜旦的遗体安葬在瑞士洛桑，而其心脏则安葬在古希腊奥林匹克的发源地——奥林匹亚。他希望即使自己已长眠于地下，但其心脏仍能与奥林匹克运动的脉搏一起跳动。

在法国，有以顾拜旦命名的街道、体育场馆。在法国国家奥委会的大厅里，矗立着顾拜旦的铜像。1999年12月17日，他获得由《奥林匹克杂志》评选的"世纪体育领导人"称号。

走进科学的殿堂

"战略"军事理论家博福尔

文精英

安德烈·博福尔（1902—1975年）是法国军事理论家，法国战略学家。担任过驻德法军副司令、驻欧盟军最高司令部副参谋长。

安德烈·博福尔1902年生于法国，1921年入法国圣西尔军校，结识了当时任教官的戴高乐，后又就学于法国政治学院和高级军事学院。1935年在法国陆军参谋部就职。

博福尔先后参加过第二次世界大战和法国在越南、阿尔及利亚的殖民战争。1945年，博福尔任法国第1集团军的作战处长。1950年，他任西欧地面部队的副参谋长。后来去远东，当了越南法军总司令塔西尼元帅的副手。回到欧洲后，他又被派去领导盟军战术

法国政治学院

152

研究小组。

回国以后，博福尔又接任法国第2机械化步兵师师长，在这里，他成功地研究出了一种新的五群制，这在法国陆军尚是首次试行。

1955年，博福尔奉派前往阿尔及利亚，指挥一个战区，次年又被选派指挥在苏伊士参战的法军。后来，他升任驻德法军副司令。1958年，又调任欧洲盟军最高司令部的副参谋长，主管后勤及行政。两年后又前往华盛顿担任北大西洋公约组织常设小组中的法国首席代表。1961年博福尔退出现役后，专门从事军事理论研究并著书立说。

这些非凡的经验，给他提供了极好的环境和机会，使他能在实际情况下和作战中研究战略的计划和应用。

在当代，没有一个撰写战略专著的人，具有比博福尔将军更为丰富的实际经验，也没有一个像他这样的高级将领对这个问题曾写过如此全面而出色的理论研究专著。

《战略入门》是博福尔1963年出版的一本战略理论著作。除本书外，还有《1940年法国的陷落》、《1920—1940—1945年回忆录》、《北大西洋公约组织与欧洲》和《历史的本质》等，其战略观点集中体现在《战略入门》一书中。

博福尔所推崇的"使用军事胜利以外方式取得某一结果"，即所谓"间接战略"，是西方资产阶级军事理论中颇有影响的一种流派。博福尔强调，间接战略所选择的手段并不是军事领域的。博福尔认为，在研究战略问题时，不能简单地下教条式的定义，因为战略是一种"思想方法"。即将事件按先后次序排列，加以整理，并选择最有效的行动步骤，对于每一种情况，都有一种相应的特殊战略。某种战略只在一定情况下是最适当的，而在其他情况下又将变为不适当的。

走进科学的殿堂

博福尔是从总体战入手阐述战略问题的。在他看来，由于战争是总体性的，它将在政治、经济、外交、军事等诸领域内展开，因此，"战略也必须是总体的"，战略已不再是军人独占的禁区。

博福尔对战略还作了进一步阐述："战略的本质，就是一种抽象的相互作用，用福煦的说法，它是从两个对立意志之间的冲突中产生出来的。战略是一种艺术，它是力量的辩证法艺术，说得更精确一点，是两个对立意志使用力量解决其争执时，所用的辩证法艺术。"

在博福尔看来，要想达到所要求的结果，战略必须有一整套可用的手段。"战略的艺术就是要从所有可供使用的手段中，选择最合适的手段，并且配合使用，使它们产生一种心理上的压力，足以达到所要求的精神效果。"

安德烈·博福尔总结了目标与手段之间的五种关系为：目的有限、手段充足；目的和手段都有限；目的重要、手段有限；目的多种、手段缺乏；目的重要、手段强大。博福尔还提出过核战略，是较早提出核战略的军事理论家。

人文精英

华人风采

将军的苗圃——圣西尔军事专科学校

丛林之虎——廖耀湘

廖耀湘中将，字建楚，湖南邵阳人（1906—1968年），是蔡锷将军的同乡。廖耀湘是马背上摔打出来的将军，1926年，20岁的他考入黄埔军校骑兵科，毕业于黄埔六期。1929年，他进入南京中央军校，也是学骑兵。1930年9月，国民政府从黄埔学生中选拔留法学生预备班学员，廖耀湘以名列前茅的优秀成绩被蒋介石亲自选中，以上士资格派到法国。学习三年法语后，进入法国的圣西尔军校和法国陆军大学学习机械化骑兵专业。他学习认真，成绩优异，深得负责考察留学生情况的中国著名军事理论家蒋百里先生赏识。1936年，廖耀湘以第一名的成绩从法国圣西尔军校毕业。1936年秋回国后，廖耀湘任中央军校教导总队骑兵2连少校连长。1937年抗战爆发后，任2旅教导总队中校参谋主任，先后参加淞沪抗战、南京保卫战，在枪林弹雨中出生入死，历尽艰

廖耀湘

华人风采

走进科学的殿堂

辛，积累了丰富的实战经验。

  出生于书香世家的廖耀湘，集中国传统文化与西方现代文明于一身。他既有深厚的旧学根底，又精通西方的现代科技知识与军事理论；既有文人的智慧与学识，又有军人的勇武和剽悍；既深谙韬略兵机，又富有实战经验。因此，对日本人来说，他的确是一只惹不起的、可怕的"丛林虎"。

  1937年的冬天，廖耀湘却成了一个难民。当时廖将军承担的是守护南京城的责任，南京失守后来不及撤退的他，从马群搭一个农夫的马车躲过日军搜索，藏进栖霞寺。廖耀湘12月13日进寺，带着5个军人。他一直在寺里藏身，直到栖霞寺的和尚和当时江南水泥厂难民营的辛德贝格和京特联系后，偷偷地将他用小船送到江北为止。

华人风采

南京栖霞寺

  1938年廖耀湘出任200师参谋长，参加了兰封会战，桂南会战。

158

1941年又任新22师副师长，后任师长，入缅甸作战，失败后进入印度，接受美军训练和装备。

1942年3月8日，廖耀湘率新22师与兄弟部队200师在同古接替英军防务。之后，新22师在同古地区激战半月，给日军第55、56师团以沉重打击，其强大战力和顽强精神使日军感到震惊。英、美盟国也高度赞扬新22师和200师是"世界上最精锐的部队"。英国《泰晤士报》称赞说："华军以少胜众，英勇果敢，将使华军之战绩，益增光辉。"

同古保卫战结束后，廖耀湘率新22师成功地举行了著名的斯瓦阻击战，以新22师1个师的兵力与日军5个主力联队周旋达半个月之久，打得日军晕头转向，始终摸不清中国军队的虚实。由此廖耀湘和新22师获得了"丛林之虎"的美称。

1942年10月底，中国驻印度军为配合中国战场及太平洋地区的战争形势，重新打开中印交通线，展开了反攻缅北的作战。廖耀湘的新22师和孙立人的新38师，奉命进攻胡康河谷，打响了反攻的序战。

胡康河谷由打洛盆地及新平阳盆地组成，山高林密，河流纵横，雨季泛滥，有绝地之称。防守该地区的为日军第18师团，主力为其步兵第55联队全部和114联队的一部及炮兵第18联队等，由师团长天中新一中将亲自指挥。新1军分左右两路向该敌实施夹攻，廖耀湘部担任右路，向打洛攻击。

1944年1月9日，中国军队渡过大奈河，沿左岸崎岖山地逐段开路前进。14日，进至百贼河北岸。廖耀湘即按照史迪威拟定的作战计划，命其第65团担任渡河攻击的突击任务，驱逐南岸之敌，夺取登陆场。但该团团长傅宗良实地堪察后，发现史的计划不符合实际情况，便反史

之意而行，并将新的作战计划上报廖耀湘与史迪威。史迪威接到傅的报告后，顿然大怒，电报战区最高当局，当局认为事态严重，让廖耀湘制止。

1934年廖耀湘（左二）在圣西尔军校

廖耀湘见傅的计划比史迪威的计划好，便复电说新的计划是他批准的，并声明成败皆由他负责。接着，他派副师长到傅团督战，结果获得大胜，日军敌大队长冈田中佐重伤后饮弹自毙。战后，史迪威亲临战场，点得敌尸617具，备至嘉许，并为傅请奖。此战后，史便把新22师的指挥权全部委托给了廖耀湘。廖耀湘这种知人善用，勇于为部属承担责任的作风，也深为全师官兵钦佩。

白贼河战斗的全胜鼓舞了全军士气,廖耀湘趁势挥部南进,连续作战。1月31日,攻打打洛;2月5日,攀登3000尺以上的悬崖,夺取班腰卡;3月6日,收复孟关,占领了胡康河谷敌军的心脏。此后,廖耀湘的军队势如破竹,连续攻占敌瓦鲁班、泰诺、高鲁场、沙杜渣等据点。在丛山峻岭中南进150余公里,予敌18师团以重创,打开了通向孟拱河谷的门户。

4月4日,廖耀湘奉命与孙立人的军队互相协同进行孟拱河谷的战斗。孟拱河谷是沿孟拱河两岸谷地的总称,其位于水陆交通中心,有孟拱河、南英河作天然屏障,与密支那、卡盟互成犄角,是军事上的要

廖耀湘将军(前一)在缅甸前线视察战况

地,每逢雨季,山地泥深过膝,平地一片汪洋。日军第18师团——四联队主力和第56师团146联队,于该地凭险固守,完全占有地利上的优势。廖部与孙部经过15天的激战,才占领瓦康、迄丁、克林之线。

走进科学的殿堂

此后，廖部与敌相持于英开塘以北，直至5月4日，在美军36架飞机的配合下，才夺取英开塘，掩护新38师迂回进占芒平。这时，敌军分别退至马拉高以北的瓦兰及西心拉等地据点，顽强固守，以待雨季的来临。廖部奉命由正面进攻，与敌激战近一月，才进至马拉高地区。这时敌军又以第2师团增援，企图在卡盟地区决战。同时雨季已到，部队行动更加困难。廖耀湘见军情紧急，不顾大雨滂沱，率部继续向南前进攻击。

华人风采

廖耀湘（右一）在缅甸战场上

在孟拱河谷索到卡战斗中，他采取迂回与突破战法，出奇制胜，仅以四个步兵团兵力，击败敌人号称"常胜军"及"森林战之王"的第18师团。在这次战役中，廖部毙日军5000余人，生俘日军英田中队长

将军的苗圃——圣西尔军事专科学校

以下官兵百余人，缴获大炮56门，车辆190辆，机、步枪3000余支，骡马300多匹，创森林战之典型。

缅甸北部是热带树林，经常有野人出没，而被称为野人山。野人山全为原始密林之高山，极为险恶，大部队难以补给，重武器也无法使用，日军精锐18师团55联队以小部队构筑据点逐山防阻，在野人山中到处可以见到第5军病困而死将士的白骨，常常是一堆白骨围着枪架而坐，这里躺着中国近10万具远征军遗骸。就在这样困难的情况下，新

缅甸一景

一军击败了日军精锐18师团，自己的损失也非常大，所有的连级干部基本上换了一遍，可见战斗之残酷。在反攻缅北战斗中，廖耀湘率领所部，英勇善战，取得歼灭日军12000余人的重大胜利，扬威异邦。美英两国政府分别授予他自由勋章和十字勋章。

走进科学的殿堂

  1944年8月，廖耀湘出任刚成立的新6军军长。新6军可谓出身"王牌军"，有名将统领，再加上全部美式装备，"新6军出生名门之后，落地成虎"。国民党有6个军是美式装备，蒋介石给了廖耀湘两个军（新1军和新6军），可见蒋对他的器重。

  1944年10月，新6军刚刚出世，便和新1军从密支那、孟拱分头出发，向日军发起第二期缅北作战。新6军在右，经和平向瑞姑前进；新1军在左沿密支那、八莫公路南下。

  新1军采用它拿手的大范围迂回、穿插、包抄敌人后方的战术，将日军第2师团原好三大佐率领的两个宪兵大队、1个炮兵大队和10辆坦克围困在八莫城内并全歼，日军城防司令部被连窝端掉，原好三大佐被击毙。尔后，他们乘胜前进，攻占了中印公路上最后一个日军据点——芒友，与中国远征军第53军胜利会师。

  新六军在西线的进攻也打得十分漂亮。与新1军相比，新6军的作战完全是另一种风格，另一种模式。它大刀阔斧、干脆利落，如疾风暴雨，似风卷残云，一路横扫过去。

  11月，新6军攻占瑞姑、曼大、西口、东瓜，并先后占领拉西、芒卡。12月，新6军新22师、第14师奉命紧急空运回国，只留下第50师继续扫荡残敌。在离开之前，廖耀湘对那些留下来看管坟墓的伤兵们说：等着吧，我会回来接你们的。那种气魄，如同麦帅离开东南亚时的豪言壮语"吾将返回"。1945年元旦，第50师主力由东南下，连克万好、南图、细包、乔梅，拔掉了缅北最后几面膏药旗，凶恶的日本第33军宣告全军覆没，中国期待以久的国际交通线——中印公路全线开通。1945年1月28日，中国驻印军与中国远征军会师典礼在芒友隆

华人风采

重举行。

新6军被蒋介石空运回国,是因为1944年11月,日军进犯国内独山,贵阳告急,新6军奉令回国驰援。廖耀湘率新6军回国后,在黔阳地区与侵入湘西南的日军进行过几次战斗,粉碎了敌人进占芷江机场的企图。

1945年8月15日,日本侵华军正式投降。21日,侵华日军副总参谋长今井武夫一行8人到芷江,向国民党陆军司令部洽降。何应钦在芷江机场设受降台,举行隆重的受降仪式,廖耀湘率新6军高级军官,登台参加受降仪式。

1945年抗战胜利后,廖耀湘曾经重游栖霞寺感谢救命之恩,并且题下了"凯旋,与旧友重还栖霞",至今还留在栖霞寺。

杜聿明

1946年1月,廖耀湘奉命率新6军开赴东北战场,参加内战。东北人民解放军在"让开大路,占领两厢"的战略方针指导下,主动放弃一些大城市,机动转移,使得新6军长驱直入,占领本溪、四平等要地,又于5月22日侵占长春。因此,廖耀湘气焰嚣张,不可一世。1947年8月,陈诚接替杜聿明任东北行辕主任,以新6军、新3军组成第9兵团,1947年9月廖耀湘被任命为兵团中将司令。

在四平保卫战中,林彪与杜聿明棋逢对手。双方伤亡都很大。1948

年5月15日，廖耀湘的新6军22师65团进攻威远堡。除了第一次试探性的冲锋外，65团团长李定一上校指挥的所有攻击都是一次成功。客观地讲，国军65团一个团依靠优势炮火在威远堡打垮了东北民主联军第三纵队主力（今日第40集团军的前身，当时三纵司令时为程世才）。小小的威远堡战斗在东北早期国共较量中意义非同小可。65团一个团可以打垮三纵主力，新6军又有什么样的对手好怕呢？威远堡丢失，四平之战必败。为此，林彪没有等待延安的命令，开始部署撤退。大凡在战斗遭受重大损失且在失利的情况下，指挥战略性撤退是十分危险的。稍有差错，就会造成灾难性的结果，古今中外这样的例子比比皆是。雪上加霜的是，在撤离四平时，林彪的作战科长王继芳携带大批文件叛变投敌。杜聿明、孙立人、廖耀湘由此了解到民主联军实力大损，便放心大胆指挥军队一路猛追，直到把民主联军主力赶到松花江以北。

新6军在东北战场四平之战结束后，廖耀湘认定"共军主力被击溃"，于是放心大胆，长驱直入，向北追击东北民主联军。

廖耀湘在得意之余，却忘记了"集中兵力"这条最基本的战争法则。结果他的战线拉得越长，占的地盘越大，兵力就越显单薄，当他到松花江畔时，就再也无力前进了，就只有挨打的份了。

民主联军经过四平之战后，大都撤到了农村和中小城镇。它们通过土地改革、清匪反霸、整军扩军，创建了许多根据地，建立了基层政权和强大的野战军，在南满、北满逐渐站稳了脚跟。

1947年5月17日，新6军新22师在辽北清原南山城子与南满的民主联军4纵10师激战，结果被民主联军歼灭1500余人，全师的重武器也丢了个精光。"虎师"成了没牙的"老虎"。7月，新6军第14师在

将军的苗圃——圣西尔军事专科学校

开原东北又遭民主联军的伏击，被歼灭3个营加2个连。

从1947年1月到10月，民主联军北满、南满部队密切配合，协同作战，采用围点打援、远程奔袭、运动反击和伏击战等灵活多变的战术，集中优势兵力，以"零打碎敲、蚂蚁吞象、快刀割肉"的方式大打歼灭战，打得新6军遍体鳞伤，大伤元气。

1948年9月，东北人民解放军主力发动辽沈战役，包围锦州。蒋介石命令以11万人组成西进兵团，任命廖耀湘为兵团司令，企图与葫芦岛方面的国民党军配合夹击解放军，以解锦州之围，但未能得逞。锦州解放后，廖耀湘受命从黑山、大虎山一带突围，与锦西北的国民党军会合，企图重占锦州，因而率部与人民解放军展开了三天的血战。10月26日，人民解放军主力将廖耀湘兵团全部围困在120公里的范围内。经过两天一夜激战，全歼这支拥有10余万人的美式机械化兵团，廖耀湘被俘。

廖耀湘被俘后并不服气，拒绝和韩先楚握手，并说要林彪来，从新再干一仗。廖耀湘看来并不知道，他是败在间谍手里。

廖耀湘最初被囚于锦州监狱，同杜聿明、溥仪关在一起，一直到1960年受到大赦。

特赦后，廖耀湘任全国政协委员，同那些当年潜伏于身旁的间谍同事，但廖耀湘对过去还是耿耿于怀，怒目相向，说是看不起那些专门偷鸡摸狗之人。

1968年，即文革初期，廖耀湘将军在批斗会上因心脏病发作去世，终年仅62岁。

廖耀湘将军没有牺牲在战场，没有死于日本人之手，却是死在"革命造反派"手里，一代抗日名将的后半生就这样毁了，令人不胜唏嘘。

走进科学的殿堂

"滇西王"龙绳武

龙绳武(1905—?)是"云南王"龙云的长子,号称"滇西王"。

龙云的第一个妻子系其舅父之女,共生三子,龙绳武是其长子,次子龙绳祖,三子龙绳曾。

龙绳武公馆

龙绳武自幼追随其父左右,云南讲武堂毕业,与越南国武元甲是同

将军的苗圃——圣西尔军事专科学校

窗学友。1925年秋天进入法国圣西尔军校，攻读骑兵科。1929年9月，龙绳武从圣西尔军校毕业后回昆明，任云南军官后补，之后又赴法国深造。毕业回国后，任国民中央政府军事委员会委员长，昆明行营警卫营长（龙云亲任行营主任）。

1935年5月，蒋介石在一大批随员及夫人宋美龄的陪同下来到了昆明。他来的目的主要是布置对开始长征红军的围堵，并对龙云进一步的拉拢。但是他意外地发现，昆明市的社会秩序良好，街道整洁，就连深受西方文明熏陶的宋美龄也大为惊叹。最使宋美龄感到不可思议的是，昆明街道上的行人都很自觉地沿路的右边行走，并都按一定的秩序往返。这样的事，在20世纪30年代的旧中国不能不让人赞叹。蒋介石对云南充满了好感，让他感到最高兴的是政府全体人员的团结一致。为了表示他对云南的重视，他特意叫来随同的宋子文，当面交待说，以后要尽力补助云南军队的费用。他还在许多公开场所盛赞龙云主滇的政绩，临行时，还特意送给

张学良

龙云特别费用14万元，暗许龙云组织"滇黔绥靖公署"。为了笼络龙云，蒋介石还把龙云的长子龙绳武收为义子，并带回浙江溪口去认了祖先。

1936年发生"西安事变"，龙云致电张学良，要求释放蒋介石。后

华人风采

走进科学的殿堂

来龙云获悉蒋介石已被释放时,他立即致电于蒋表示祝贺,并派了亲信和长子龙绳武到南京慰问蒋介石,再次表示了对蒋的支持和忠诚。

1942年初,日本侵略军占领缅甸后,5月初即开始进犯我国云南西部,怒江以西的畹町、芒市、龙陵及腾冲等县城均相继陷于敌手。

当时中国远征军在缅甸战败,大军部分撤回国内,部分撤向印度境内,而日军则在后紧追不舍,此时腾冲人心惶惶、风声鹤唳、草木皆兵。当时驻腾冲的政府最高行政长官、滇西行政监察专员公署的监督龙绳武先已得知,但他秘而不宣,动用了县公安局、县政府、护路营的全部人员,到处强拉马匹、民夫,用来驮着他搜刮来的大批烟土(70多驮大烟)和财物,逃往内地。

龙绳武当时手下有1000多人的军队,身为监督专员的他,实际上掌管着龙陵和腾冲两地的军政大权。他一走,腾冲秩序大乱。紧接着在5月8日,腾冲县长邱天培、警察局长周维维、海关监督王恕也带着县府大印,乘着黑夜逃跑了。留下的政警、公安部队也全部自行解散。老百姓失去了依靠,也纷纷四处逃难。而正是此时,日本侵略军这支手持轻武器的292人部队,就这样不费一枪一弹占领了这座一向被称为"石城"、"铁城"的腾冲城。

这真是让腾冲人民难以想象的事,惊愕之余,深有"君王城头竖降旗,妾在深宫哪得知?二十万人齐解甲,更无一个是男儿"的愤慨!

在1945年日本投降后,蒋介石想一统天下,梦想消灭共产党,并无时不想夺取云南地方政权。他知道龙云对在滇的地下党是睁只眼闭只眼。为了解除后顾之忧,蒋介石用了一个一箭双雕的毒计:一方面把云南所有部队组成第1方面军,任卢汉为总司令,使龙云无兵自卫,以便

华人风采

将军的苗圃——圣西尔军事专科学校

夺取云南地方政权。一方面又暗许卢汉以云南省主席高位，诱其背叛龙云，使卢汉离开第一方面军，以便分化瓦解滇军。张冲看清了蒋介石的阴谋，向龙云建议："部队要留点保家，决不可全部调出。"龙云采纳了他的意见，留下了19师（龙绳武师）、23师（潘朔端师）。

但是卢汉想当主席，便诱惑龙绳武，许诺让他当军长，要龙绳武劝龙云，对他说："部队要出去发展，在滇有何出息？日本投降了，中央要统一了，要看清形势。"龙绳武冥顽不灵，一心想当军长，苦劝龙云。龙云被儿子说服了，认为年纪已大了，为让儿子出去万里鹏程，就忘了保家，把19师和23师也编入第一方面军，开赴越南，但实质是调到东北打内战。

后来卢汉变了卦，只给龙绳武当副军长，而且把他的师长职权也下了。龙绳武当了一次送亲客，狼狈返回昆明。

昆明石林

华人风采

走进科学的殿堂

后来蒋介石调龙云任国民政府中央军事参议院院长，龙绳武则被蒋介石夺去了军权。

1949年12月，龙泽汇、龙绳武、安恩溥、禄国藩、陇生文、安永松、龙绳曾、安顺三、龙奎垣等，跟随卢汉在昆明、昭通起义，云南和平解放。

1950年，中共中央委派龙绳武为云南省政府委员。周恩来总理还接见过龙绳武，希望他到海外做些有益于祖国统一的工作。但龙绳武后来去了香港，并于1954年11月从香港转赴台湾。

龙绳武有三女一子，现分别在中国台湾、法国和美国定居。

华人风采